Giuseppe Terragni
1904—1943

**THOMAS BOESER**
DIPL.-ING.
GLEDITSCHSTRASSE 46
10781 BERLIN
☏ 030-216 85 28

AGE 51

Redaktion und Gestaltung: Franco Fonatti
Übersetzung aus dem Italienischen: Flora Wondré
Lektorat: Peter Matejka

© Copyright 1987 by Architektur- und Baufachverlag GesmbH.
und Edition Tusch Buch- und Kunstverlag
Druck: Tusch-Druck GmbH., Wien
Alle Rechte vorbehalten. Printed in Austria.

ISBN 3-85063-170-2

Franco Fonatti

# GIUSEPPE TERRAGNI

Poet des Razionalismo

Architektur- und Baufachverlag Wien
Edition Tusch Wien

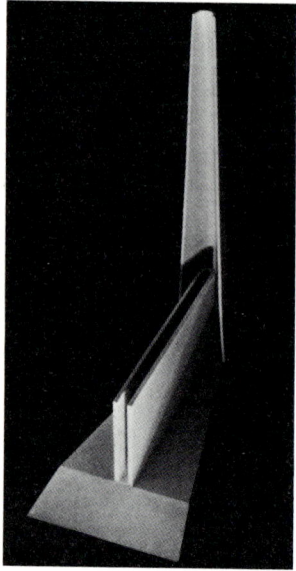

Abb. 2 Projekt eines Monuments für die »Bonifica integrale« (1938)

*»Was gibt es Geheimnisvolleres als die Klarheit? . . . Was ist launischer als die Verteilung von Lichtern und Schatten über die Stunden und Menschen? Gewisse Völker verlieren sich in ihren Gedanken, für uns sind alle Dinge Gestalt.*
*Wir behalten nur die Beziehung, und wie eingeschlossen in diesen klaren Tag erbauen wir ähnlich dem Orpheus mit den Mitteln des Wortes Tempel der Weisheit und der Wissenschaft, die allen vernünftigen Wesen genügen mögen.*
*Diese große Kunst verlangt von uns eine wunderbar genaue Redeweise. Der Name selbst, der sie bezeichnet, ist bei uns zugleich der Name der Vernunft und der Rechenkunst; dasselbe Wort bezeichnet diese drei Dinge.*
*Denn was ist die Vernunft anderes als die Rede selbst, wenn die Bedeutung der Ausdrücke fest begrenzt ist und gesichert in ihrer Dauer und wenn diese unabänderlichen Bedeutungen aneinander passen und sich in klarer Weise zusammensetzen? Und nichts anderes ist auch das Rechnen.«*

*»Eupalinos«, Paul Valéry*

Abb. 1  Projekt eines Gedächtnisparks, Como (1934)

Diese Veröffentlichung erhebt nicht den Anspruch, das Gesamtwerk des Comer Meisters begreifbar zu machen, sondern will in großen Zügen einige signifikante Aspekte seiner planerischen Vorgangsweise zusammenfassen.
Die Wirkung seines Werkes erlebte eine Gruppe von Architekturstudenten der Akademie der bildenden Künste in Wien, der die Möglichkeit geboten wurde, Terragnis Bauten zu studieren. Beiträge davon sind in diese Darstellung einbezogen.

# Inhaltsverzeichnis

- 8 Giorgio Riccardo Azzoni; Einführung
- 20 Franco Fonatti; „Giuseppe Terragni als Mitbegründer der Modernen Architektur in Italien"
- Die ersten Anfänge
- 23 Was ist „Rationalismus"?
- 24 1927: Entwurf für ein Gaswerk
- 26 1927/28: Novocomum
- 34 1928—32: Gefallenendenkmal von Erba Incino
- 36 Giuseppe Terragni und „Novecento"
- Die Grabmäler Stecchini, Pirovano und Membretti
- 37 1932: Die Stecchini-Grabstätte in Como
- 40 Giovanni Muzio
- 42 Die Abstrakten aus Como
- 44 1932—36: La Casa del Fascio in Como
- 50 Zerlegung und Zusammenfügung
- 56 Beziehung zu Sant' Elia
- 58 1933: Haus Ghiringhelli in Mailand
- 60 1933: Haus Toninello in Mailand
- 62 1933—35: Haus Rustici
- 66 1934/35: Haus Lavezzari in Mailand
- 68 Die Verzahnung
- 70 Komposition und Vertikalität
- 74 1936: Projekt für ein Haus am See
- 76 1936/37: Villa für einen Blumenzüchter in Rebbio (Como)
- 78 Das Gleiten
- 84 Die Umrahmung
- 86 Terragni und „De Stijl"
- 88 1936/37: Villa Bianca
- 92 Das Rahmengerüst
- 98 1934—37: Haus Rustici-Comolli
- 100 Die Mauer
- 108 1936/37: Kindergarten Sant' Elia in Como
- 112 1935/36: Neuer Sitz der „Accademia di Brera" in Mailand
- 116 1938/39: Casa del Fascio in Lissone
- 118 1940: „La Cortesella", Como
- 120 1939/40: Haus und Wohnungen Giuliani-Frigerio in Como
- 124 Die Vielschichtigkeit der Fassade
- 126 Die Ecklösung
- 128 Dichtung und Architektur
- 129 Theoretische Argumente zum Danteum
- 130 Pietro Lingeri/Giuseppe Terragni, „Erläuternde Anmerkungen zum Danteum in Rom"
- 132 Pietro Lingeri/Giuseppe Terragni, „Über das ‚Danteum'"
- 142 Schlußwort
- 144 Die Kontinuität Terragnis
- 152 Werksverzeichnis
- 156 Anmerkungen
- 157 Abbildungsnachweis

Giorgio Riccardo Azzoni

## EINFÜHRUNG

Giuseppe Terragni, zentrale und maßgebende Figur im Rahmen der italienischen Architekturgeschichte der Zwischenkriegszeit, Experimentator und Progressist, war stets auf der kompromißlosen Suche nach der idealen architektonischen Wahrheit. Zeit seines Lebens strebte er unbeirrt und beharrlich ein Ziel an: die Entwicklung und Definition einer neuen Architektur. Sein Feldzug zugunsten der Entwurfsforschung und sein aktives Engagement im kulturellen Bereich waren aber keinesfalls nur den Inhalten der nationalen Tradition gewidmet. Denn er war ebenso bestrebt, den Erfordernissen einer modernen europäischen Architektur zu entsprechen und sich gleichzeitig um ihre Behauptung bzw. ihren Erfolg zu bemühen.
Für eine mögliche Lektüre und Interpretation bedarf es somit allein der ständigen Erinnerung an diese Spannung und an diesen unermüdlichen Einsatz, die auf eine Erneuerung der Architektur als Konzept sowie als formales Ergebnis zielten.
Namentlich die wichtigsten Bauten Terragnis offenbaren die Evolution und das konsequent verfolgte Forschungsprogramm eines Architekten, der als der Vater des italienischen Rationalismus gilt. Abgesehen davon, verkörpern diese Bauwerke aber auch ein Repertorium, in dem man die am häufigsten angewandten architektonischen Typologien finden kann und welches dank der hohen Qualität der Lösungen gleichsam als Modell für zahlreiche Ableitungen und Varianten fungiert.
Obgleich Terragni sich den traditionellen Werten seiner Zeit verbunden fühlte, war er dennoch dem Neuen ungemein aufgeschlossen. Deshalb erkannte er auch sofort die Tragweite der Botschaft der europäischen Avantgarde und der fortschrittlichsten Kulturformen, jener Strömungen also, die auf die künftige Entwicklung der europäischen Kulturszene einen entscheidenden und nachhaltigen Einfluß ausüben sollten. Es wäre jedoch falsch, ihn als »Importeur« oder »Imitator« bewährter Theorien und Stilmittel einzustufen, zumal da er sich bei seiner planerischen Vorgangsweise nicht auf das bloße Wiederaufgreifen etablierter Thematiken und Gestaltungsmuster beschränkte. Vielmehr zeichnen sich seine Schöpfungen durch eine eigene theoretische und praktische Formensprache mit einem charakteristischen und individuellen Vokabular aus.
Terragnis Interesse galt aber keineswegs nur der Fortentwicklung der italienischen Baukunst im Sinne der zeitgemäßen europäischen Errungenschaften. Es ging ihm vielmehr um die Definition einer eigenständigen Version des Rationalismus und zugleich um die sichtbare Aussage und Akzentuierung der dem nationalen Geist zugehörigen Elemente. Vor diesem Hintergrund ist auch seine Bemühung um die ständige Erweiterung und Steigerung der expressiven Fähigkeiten der Architektur zu verstehen. In erster Linie handelte es sich also um eine überwiegend formalistisch betonte Forschungstätigkeit, welche erst relativ spät die Interpretation der gleichlaufenden kulturellen Erfahrungen berücksichtigte. Besonders die Endphase seiner Schaffensperiode reflektiert den durch das Antlitz des Faschismus gekennzeichneten Zusammenbruch der sozialen und politischen Illusionen. Infolgedessen nahm sein Forschungseifer introvertierte Züge an und steigerte sich bis zu jenen algebraisch-geometrischen Studien, die in der Arbeit von Franco Fonatti analysiert und kommentiert werden.

In Übereinstimmung mit den anderen der MIAR[1] beigetretenen Kollegen beabsichtigte Terragni, die rationale Architektur zur maßgeblichen im modernen Italien zu machen. Von dieser Intention beflügelt, dachte er den Erneuerungsimpuls darstellen zu können, den er im Faschismus zu erkennen meinte. Er glaubte an die Gleichung: <u>Moderne Architektur (Rationalismus) ist gleich moderne Gesellschaft (Faschismus)</u>. Als er aber endlich erkannte, was der Faschismus wirklich war, verfiel er in eine Krise, die ihn letzlich in den Tod führte: der Zusammenbruch jener Werte verlief parallel zu seinem persönlichen.
Heute, nach so vielen Jahren, ist das ideologische Vorurteil bzw. die Voreingenommenheit gegenüber den kulturell bedeutsamen Phänomenen des faschistischen Italien abgebaut.
Um die Rolle und das Gewicht Giuseppe Terragnis erfassen zu können, muß man ihn in seine Epoche einordnen und hiebei den Leitfaden der Neuorientierung der figurativen und architektoni-

Abb. 3  Hauptbahnhof Mailand, Ulisse Stecchini (1906—1931)

schen Kunst Italiens der Zwischenkriegsjahre verfolgen. Unter dieser Perspektive sollte man sich aber auch stets die Grundthematik der Kultur der ersten Jahre nach dem Ersten Weltkrieg vor Augen halten: Der vorherrschende eklektische Irrationalismus, welcher weiterhin floreal komponierte Gebäude im neogotischen und Neurenaissancestil propagierte, stand im Gegensatz zu der entschlossenen Willenskraft eines neuen Aufbausystems, einer neuen Rationalität.
Am Ende des Ersten Weltkriegs präsentierte sich eine weitgehendst von den konservativen Strömungen beherrschte italienische Architekturlandschaft, deren Physiognomie von der abgestumpften und sterilen Wiederholung dekorativ rhetorischer Stilelemente geprägt war. Insofern ist das Projekt von Ulisse Stecchini für den Hauptbahnhof von Mailand, welches 1912 entworfen, aber erst zwischen 1925 und 1936 ausgeführt wurde, das bezeichnendste und imponierendste Beispiel (Abb. 3). Doch ungeachtet dessen formierte sich im Umfeld der Zeitschriften »La Ronda«[2] (für Literatur) und »Valori Plastici«[3] (für Malerei) die kreativste Streitmacht des Landes, die sich einstweilen für die Schaffung der Grundlagen einer neuen Ästhetik engagierte: einer Ästhetik, die auf dem Wunsch nach Ordnung und Stabilität beruhte und die mittels einer umfassenden Rückgewinnung der nationalen Tradition verwirklicht werden sollte.
Auf dem Gebiet der Architektur wurde der Futurismus ignoriert. Man betrachtete ihn als spätromantischen Ausdruck, der jegliche Regel verneinte. Unterdessen begannen sich jedoch speziell im Mailänder Architektenmilieu neue und lebendige Impulse abzuzeichnen. Dort konzentrierte sich eine Vielzahl an reformatorischen Persönlichkeiten, welche, trotz gewisser Divergenzen, dennoch eines verband: die Innovation der Baukultur. Diese Architekten waren Giovanni Muzio, Giuseppe De Finetti, Gigiotti Zanini, Gio Ponti und Emilio Lancaia, die sogenannten Architekten des »Novecento«[4]. Im »Aufruf zur Ordnung«[5] brachten sie gemeinsam dasselbe Anliegen der zeitgenössischen Erfahrungen von »Metafisica«[6] und »Valori Plastici« und ihre Forderung nach Stabilität, Ausgewogenheit und Einfachheit zum Ausdruck. Sie beriefen sich also auf Werte, die an den Erneuerungsprozeß angeglichen werden sollten, welcher einer von Malern und Bildhauern befürworteten italienischen Stiltradition verpflichtet war.
Im Jahr 1921 resümierte Muzio: »Angesichts der Verwirrung und des verbitterten Individualismus in der heutigen Architektur sind wir der Meinung, daß eine Reaktion auf diese Situation noch immer ebenso unerläßlich erscheint wie die Wiederherstellung des Ordnungsprinzips, das für eine eminent soziale Kunst wie die Architektur vor allem die stilistischen Merkmale eines Landes erhalten und fortführen muß. Nur unter dieser Voraussetzung kann eine übergreifende Verbreitung der Architektur angeregt und mit dem Komplex der Baulichkeiten eine ausgesprochen harmonische und homogene Einheit gebildet werden.«[7]

Abb. 4   »Cá Brùtta«, Mailand, Via Moscova 12, Giovanni Muzio (1919—1923)

Mittlerweile wurde die Konstruktion des wichtigsten und legendärsten Bauwerks jener Jahre, das sogenannte »Cá Brùtta«, vollendet (Abb. 4): eine außergewöhnliche und mit metaphysischer Handschrift gezeichnete Komposition, die abgesehen von ihrer unwiderstehlichen Ähnlichkeit mit den von De Chirico und Carrà bemalten Häusern, auch die physische Übersetzung der Theorien dieser Architektengruppe zu sein scheint. Giovanni Muzio war einer der tonangebenden Exponenten im Rahmen der damals absolut erforderlichen Erneuerung und des Wiederaufbaus. Er stellte einen geistigen Bezugspunkt und zugleich ein Beispiel dar, welches später auch von Terragni

Abb. 5   »Casa della Meridiana«, Mailand, Via Marchiondi 3, Giuseppe De Finetti (1925)

Abb. 6   Wohnblock in der Via S. Calimero, Giuseppe De Finetti (1929—1930)

Abb. 7  Universität in Rom, Marcello Piacentini (1936)   Abb. 8  Universität in Rom, Vorbau des Rektorats

teilweise anerkannt und nachvollzogen wurde. Besondere Bedeutung erlangte auch Giuseppe De Finetti, der sich bei seinen Ausarbeitungen direkt an der Erfahrung von Adolf Loos orientierte, dessen Schüler er war. Seine Werke und theoretischen Schriften bezeugen einen rigorosen und logischen Geist, der ihn zum ›europäischsten‹ Architekten seiner Zeit stempelt. Darüber hinaus bildete er aber auch das fundamentale Verbindungselement zwischen der Position von Muzio und jener der Rationalisten. Muzio und De Finetti waren die Initiatoren jener erneuerten Klassik, die die Grundstimmung des architektonischen »Novecento« ausstrahlte. Dessen Porträt korrespondierte aber kaum mit der anmaßenden Feierlichkeit des römisch-akademischen Klassizismus, der sich auf viel direktere Weise Regime und Staat sowie ihrer rhetorischen Verherrlichung verbunden fühlte. Als eloquentes Plädoyer dafür kann das Werk von Marcello Piacentini zitiert werden.[8]

Terragnis Formensprache entfaltete sich im Laufe seiner kurzen, aber intensiven Tätigkeit entlang eines komplexen Weges – reich an Innovationen und Studien – und verdichtete sich Schritt für Schritt zu der Überzeugung, daß Architektur konstante Evolution und Suche ist. Das jugendliche Bekenntnis zur Bewegung des »Novecento« als Maler[9] enthüllte ihn als Anhänger der Thematiken zur »Erneuerung innerhalb der Tradition« und hatte die Anerkennung eines kulturellen Prozesses zur Folge, der während der ersten Nachkriegsjahre von folgenden Malern realisiert wurde: Carrà, Rosai, Sironi, De Chirico, Morandi u. a. In den gemeinsam mit der »Gruppe 7«[10] veröffentlichten Schriften zwischen 1926 und 1927 wird diese Würdigung der früheren Generation ausdrücklich festgehalten, wenn sie erklären: »Wir empfinden für die uns unmittelbar vorangegangene Architektengeneration (Muzio und die Architekten des »Novecento«, A. d. R.) aufrichtige Bewunderung und bewahren ihnen unsere Dankbarkeit dafür, daß sie die ersten waren, die mit einer schon zu lange herrschenden Tradition von Leichtfertigkeit und schlechtem Geschmack gebrochen haben.«[11]. In diesem Aufsatz, der eine Art Manifest der italienischen Rationalisten darstellt, wird auch die Bedeutung der Kräftekoordination zwischen gewissen Abstraktionen des Dichters Massimo Bontempelli[12] und der Malerei von De Chirico und Carrà gewürdigt. Desgleichen verlief die Botschaft »L'Esprit Nouveau« von Le Corbusier parallel zu »Rappel à l'ordre« von Cocteau und nahe den zeitgenössischen Stellungnahmen von Picasso und Strawinsky.

Noch verspüren diese jungen Architekten das Bedürfnis, öffentlich zu erklären, »daß der Wunsch der jungen Generation nach einem neuen Bewußtsein auf dem sicheren Wissen um die Vergangenheit und nicht auf Gedankenleere basiert.« Und sie versichern: »Nicht wir wollen mit der Tradition brechen, es ist die Tradition, die sich wandelt und neue Aspekte annimmt, unter denen sie nur wenige wiedererkennen.«[13]

Diese Äußerungen können verstanden werden, wenn man sie in Zusammenhang mit dem italienischen Kulturambiente jener Ära betrachtet, in der die Einführung der rationalen Stilsprache ohne Rechtfertigung einer historischen Kontinuität und ohne Anerkennung der aus der Tradition hergeleiteten Regeln niemals in Betracht gezogen worden wäre.

Ein immer wiederkehrendes Motiv des frühen italienischen Rationalismus, das man namentlich bei Terragni finden kann, ist die Übernahme dieser Sprache und ihrer getreuen Anerkennung einer noch immer lebendigen und vorschlagbaren (italienischen) Klassik. Allerdings wird sie weniger für die repräsentative bzw. dekorative Gestaltung übernommen, sondern vielmehr als »Geisteshaltung«, als Regel verstanden, die jede wichtige architektonische Verwirklichung lenken sollte. Der anfängliche Bezug auf Le Corbusier ist offensichtlich, und dies sowohl im Hinblick auf seinen »L'Esprit Nouveau« als auch im Verhältnis zu seinem Betrachten der großen Architekturwerke der klassischen Vergangenheit. Gerade bei der Planung öffentlicher Gebäude hat Terragni das rationale Ordnungssystem und das darin enthaltene klassische Konzept wiedergefunden: Casa del Fascio in Como, Entwürfe für den Palazzo Littorio in Rom, Erweiterungsbau der Accademia di Brera in Mailand, Kongreßpalast E 42 in Rom, Entwurf für das Danteum, um nur die bedeutendsten zu nennen (Abb. 9 und 10).

Der »Aufruf zur Ordnung«, in dem der Wunsch nach Sicherheit und Stabilität mitschwang, kennzeichnete das gesamte Nachkriegseuropa. In Italien nahm diese Kampagne allmählich charakteristische Merkmale einer Wiedergewinnung der ursprünglichen Werte an: Archaismus und Klassizismus waren noch nicht vom Nationalismus späterer Jahre getragen, denn ihre Grundsätze vertraten noch die idealistische Auffassung von Kunst als höhere Kategorie des Verstandes und von Klassizismus als immerwährender und universeller Wert. Im Jahr 1919 definiert Alberto Savinio den Klassizismus folgendermaßen: »... nicht Rückkehr zu den einstmals gültigen, von einer Epoche vorbestimmten und geheiligten Formen, sondern das Erzielen jener Formen, die sich am besten eignen für die Realisierung einer künstlerischen Idee und Willensäußerung und die die Neuheit der Äußerung nicht aus-, sondern einschließen, ja sogar ausdrücklich verlangen.«[14]

Abb. 9  Casa del Fascio, Giuseppe Terragni (1928—1936)

Abb. 10  Erweiterungsbau der Accademia di Brera, Mailand, G. Terragni, P. Lingeri, L. Figini, G. Pollini, L. Mariani (1935—1936)

Abb. 11  Projekt eines abgetreppten Wohnblocks, G. Terragni (1940)

Terragni und die Architekten der »Gruppe 7« teilen ein kulturelles Klima, das nicht nur die Architektur, sondern das gesamte zeitgemäße Kulturleben einbindet: Implizierter Ausgangspunkt ist der im Zentrum der Geschichte der modernen Bewegung stehende Klassizismus, den sie als »neuen Zeitgeist« bezeichnen und dem sie bei Cocteau, Picasso, Strawinsky, Gris und Le Corbusier wiederbegegnen. »Eine neue Gesinnung ist entstanden. Sie existiert in allen Ländern, zwar mit unterschiedlichen Formen und Zeichen, aber mit einer identischen Grundlage. Wir leben also in privilegierten Zeiten, da wir die Geburt eines völlig neuen Ideensystems erleben dürfen (...) Eine Reihe Architekten von europäischem Rang wie Behrens, Mies van der Rohe, Mendelsohn, Gropius und Le Corbusier setzen neue Maßstäbe für das Bauwesen, die den Ansprüchen unseres Zeitalters abolut entsprechen, und gewinnen anhand dieser Notwendigkeiten eine neue Ästhetik«, schreiben sie noch 1927 und bekräftigen dann: »Die neue Architektur, die wahre Architektur muß einer engen Verwachsung mit der Logik, mit der Rationalität entspringen. Ein rigoroser Konstruktivismus muß die Regeln diktieren. Die moderne Architektur wird ihren ästhetischen Wert ausschließlich aus der Natur der Notwendigkeit beziehen. Erst im Anschluß daran, im Selektionsverfahren, wird der neue Stil geboren werden.«[15]

Edoardo Persico, der schillerndste Kritiker jener Jahre, hat diese Erkenntnisse exemplarisch zusammengefaßt: »Tatsächlich bestand die Aufgabe des italienischen Rationalismus nicht im Verbünden irgendwelcher Energien gegen den antiken Geschmack, um ihn gegen eine Art moderne Oligarchie auszutauschen. Er sollte jedoch für den Ideenkrieg kämpfen und ihn bis zu den extremsten Konsequenzen führen, sodaß man sie nicht mehr von den Grundsätzen der Utopie unterscheiden konnte.«[16] Aber lediglich Terragni hat diese äußersten Konsequenzen bis an die Schwelle der Utopie erreicht. Denn er war es, der mehr als alle anderen seine Nachforschungen vorantrieb, er, der auch nach dem Zusammenbruch der Illusionen fortfuhr, an die Architektur zu glauben. Bis zuletzt hielt er an der Möglichkeit fest, eine moderne (und faschistische) Architektur bauen zu können. Doch nach 1936 begann er sich hartnäckig in die eigenen architektonischen Untersuchungen einzuschließen. Er begann kühne Projekte auszuarbeiten, die sich mehr und mehr von Wirklichkeit und Geschichte entfernten, bis er letzlich die Grenzen nicht realisierbarer Visionen berührte. Beweise dafür liefern seine letzten verzweifelten Entwürfe in hypothetischer Form sowie sein letztes realisiertes Werk, das Haus Giuliani-Frigerio, bei dem er all seine ausgearbeiteten Forschungsergebnisse zusammenfaßte.

Es sind hauptsächlich Terragnis Entwürfe für öffentliche Gebäude, die das klassizistische Bekenntnis dokumentieren: Casa del Fascio in Como, Palazzo Littorio in Rom, Kongreßpalast E 42 in Rom, Erweiterungsbau der Accademia di Brera in Mailand und das Danteum; allesamt Bauwerke, deren Darstellung in puncto Repräsentation und Monumentalität ein Problem aufwirft, wenngleich Terragnis Studien zwar diesbezügliche Tendenzen aufzeigen, jedoch fernab jeglicher Art von Triumphherrlichkeit oder panegyrischer Verherrlichung liegen. Hiebei handelt es sich vielmehr um manieristische Komponenten, welche im Vergleich zur römischen Architektur, die dem Regime und Mussolini nahestand, einfach unerläßlich waren. Bei diesen Gebäuden vollbringt Terragni ein formales Experiment, indem er in verschiedenen Formen und Verfahren den gleichen öffentlichen Sinn sucht.

Sowohl die Pläne für den Kongreßpalast in Rom als auch die Entwürfe für den Erweiterungsbau der Accademia di Brera in Mailand (Abb. 269) dokumentieren sehr deutlich Terragnis konsequent verfolgtes Konzept der »modernen Klassik«. Beim E 42 entspricht die Rationalität des strukturellen Schemas der klassischen Säulenordnung bei den antiken öffentlichen Bauten (griechischer Tempel, römische Basilika) und wird durch die Anordnung der von innen und außen zu sehenden Pfeilerreihen erzielt. Das Neuerungselement ergibt sich aufgrund der Anordnung – innerhalb dieses rationalen Schemas – einer Serie von volumetrisch und funktional unterschiedlichen Räumen (Theatersaal, Gesellschaftsräume, Salons, usw.), die sich nach ihrer eigenen logischen Autonomie organisieren, ohne jedoch das gesamte strukturelle System zu sprengen.

Auch beim Bau des Danteum fährt Terragni mit seinen planungstechnischen Gepflogenheiten und mit der Suche nach neuen Wegen fort. Diesmal gewinnt er die Klassik aber nicht mehr durch die monumentale Ordnung, sondern durch die kennzeichnende und qualitative Präsenz eines Kunstwerks im Rahmen einer Architektur. Der klassische Bezug weist hier offensichtlich auf den zelebrativen Altar (Ara Pacis Augustae, Abb. 12), bezieht sich jedoch nicht vorrangig auf seinen physischen Wert, sondern auf die Fähigkeit, Assoziationen an die Vergangenheit heraufbeschwören zu können.

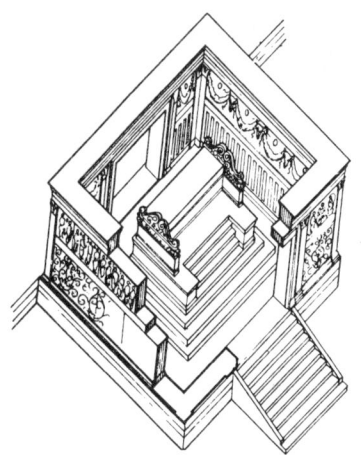
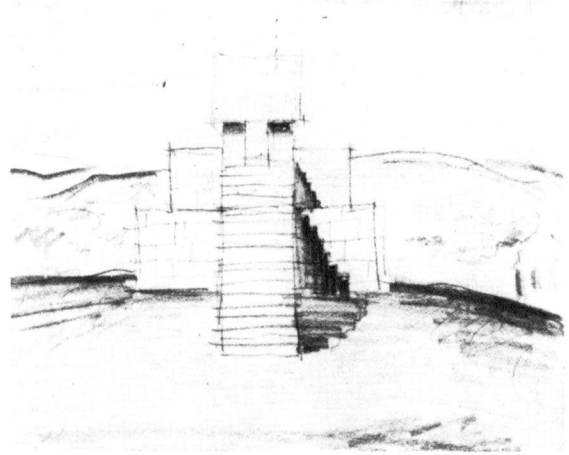

Abb. 12  Ara Pacis Augustae, Rom, Rekonstruktion von Moretti, I. Jh. n. Chr.

Abb. 13  Denkmal Roberto Sarfatti, in der Nähe von Col d'Echèle, Giuseppe Terragni (1935)

Terragni will keineswegs das römische Modell imitieren, wohl aber die bestimmenden architektonischen Merkmale neuerlich in Vorschlag bringen: die Abgrenzung zum Außenraum, nur wenige Aufgangstreppen, den offenen Himmel und schließlich einige große Reliefskulpturen (von Mario Sironi) an den Wänden des Denkmals. Hier wird das historisch-erzählende Relief, ein charakteristisches Element der römischen Baukunst (und bei der Ara Pacis vorhanden) dargestellt.

Wenngleich das architektonische und das feierlich-dekorative Modell klar auf der Hand liegen, erarbeitet er dennoch eine Komposition räumlicher Begriffe und paßt die Architektur dem Motiv an, für welches sie realisiert wird; Dantes »Göttlicher Komödie« entspricht die Gliederung der Räume in Hölle, Fegefeuer und Paradies, ferner die ständige Wiederholung der »göttlichen« Zahl drei, um nur einige Beispiele anzuführen. Von Anbeginn aber gestaltet Terragni vorrangig nach entwurfstechnischen und gestaltpsychologischen Richtlinien aus der persönlichen Forschung und Ausarbeitung, die einen sicheren Berührungspunkt in der Fülle der zeitgenössischen Erkenntnisse der europäischen Abstraktion finden.

Noch einmal also sehen wir einen Terragni, der seine Argumente in der antiken Architektur sucht. Dabei geht es ihm aber nicht so sehr um ihre Formen, als um ihre Bedeutung. Die daraus resultierende Spannung, welche auf eine typologische und formale Weiterentwicklung der großen Beispiele der Vergangenheit zielt, wird von Terragni mit aufmerksamer Dosierung der Elemente erzeugt. Ohne den Faktor der historischen und traditionellen Kontinuität zu verleugnen, liefert er einen außergewöhnlichen Beitrag zur Evolution der Architektur und der in ihr verankerten Erneuerungsfähigkeiten.

Abb. 14  Umschlag der Zeitschrift DOMUS, Haus Rustici-Comolli (Sept. 1935)

Die Mailänder Wohnbauten (Rustici, Lavezzari, Toninello, Ghiringhelli und Rustici-Comolli) enthüllen als gemeinsames Thema jene Beziehung, welche die Projektierung mit dem urbanen Kontext herzustellen versucht, um so das neue Antlitz der sich ausdehnenden Stadt gestalten zu können. Jene zwischen 1933 und 1935 in Mailand errichteten Wohnbauten offenbaren die Entwurfsbestrebungen, die nach der Ausarbeitung eines kompositorischen Vokabulars suchen. Dieses soll einerseits eine neuerliche Interpretation der Typologie und des Bildes der traditionellen städtischen Gebäude ermöglichen, andererseits zu unbekannten und noch nicht dagewesenen Lösungsvarianten führen. Dabei wird das vorhandene urbanistische Gewebe weder verleugnet noch ignoriert, sondern die neuen Bauwerke werden in das urbanistische Netz eingewebt.

Terragni war nicht nur Architekt, sondern seit jeher vielen Kunstgattungen verbunden; er hatte die wichtigsten Augenblicke jener Jahre aus nächster Nähe erlebt und mit zahlreichen Künstlern beider Strömungen zusammengearbeitet. So kooperierte er mit Mario Sironi als der zentralen Figur der ›offiziellen‹ figurativen Kultur sowie dem Vertreter des »Novecento« anläßlich der großen römischen Entwürfe für Zweck- und Kultbauten des Regimes. Er sah in Sironi den bedeutendsten Vertreter der »monumentalen« Maltendenz und einen der Wortführer, die nachhaltig die Rückkehr zu den expressiven Formen der nationalen Klassik verkündeten. Diese Verbindung nützte beiden, aber namentlich Terragni erkannte den Sinn der archaischen Einfachheit der sironischen Kunstformen und transponierte sie in architektonischen Ausdruck.

In der vom Kritiker Edoardo Persico geleiteten Galerie[17], die zum Verbindungsmoment aller abstrakten Strömungen jener Ära geworden war, wurden unter Persicos Devise »Europa ist das Kennwort des Jahrhunderts« zahlreiche Erfahrungen gemacht. Italienischen Künstlern, die diese neue Ästhetik vertreten wollten, bot man ebenfalls einen Ausstellungsraum an. Die Grundtendenz, welche die räumlichen Untersuchungen der genannten Gruppe bestimmte, war im wesentlichen die »Idee der Geometrie als Ordnung«. Dieser Gedanke verlief parallel zu Terragnis Weg und koexistierte mit diesem während der sogenannten Jahre der »Rückkehr zur Ordnung« (wenn auch vom Standpunkt der abstrakten Darstellung aus betrachtet) in perfekter Aktualität. Während die ›figurative‹ Malerei wie das »Novecento« oder die »Metafisica« von den Begriffen »Beschreibung« bzw. »Zitat« ausgeht, so ist für die ›abstrakte‹ Malerei die »Beschwörung« wesentliches Instrument zur Kommunikation von Figuren und Konzepten.

Terragnis Entwürfe beschreiben und zitieren niemals ausdrücklich die Vergangenheit und ihre Modelle. Sie beschwören jedoch den Geist, den Sinn, die Ordnung, die zivile Tradition und die Monumentalität. Als Beispiele hiefür gelten das Danteum, der Kongreßpalast E 42 in Rom, das Casa del Fascio in Como und andere Entwürfe für Insitutionen der öffentlichen Hand. Darüber hinaus gelingt es Terragni immer wieder, den Köder einer »dialektischen Reaktion« zwischen den eigenen Bauwerken und der architektonischen und natürlichen Umgebung auszulegen. Diese Reaktion beruht auf dem Prinzip der »distanzierten Beziehung«, die einzelne Individualitäten akzeptiert und sie in eine intellektuelle (und nicht physische) Beziehung setzt. Wie die Beschwörung eine Kenntnis des zu beschwörenden Objekts voraussetzt und einem intellektuellen Prozeß entspricht, dessen Wurzeln in der Erinnerung und der Konfrontation liegen, so setzt auch die dialektische Beziehung zwischen verschiedenen Objekten deren genaue Kenntnis voraus sowie die Wahrnehmungsfähigkeit der Mechanismen, die die Beziehung bestimmen.

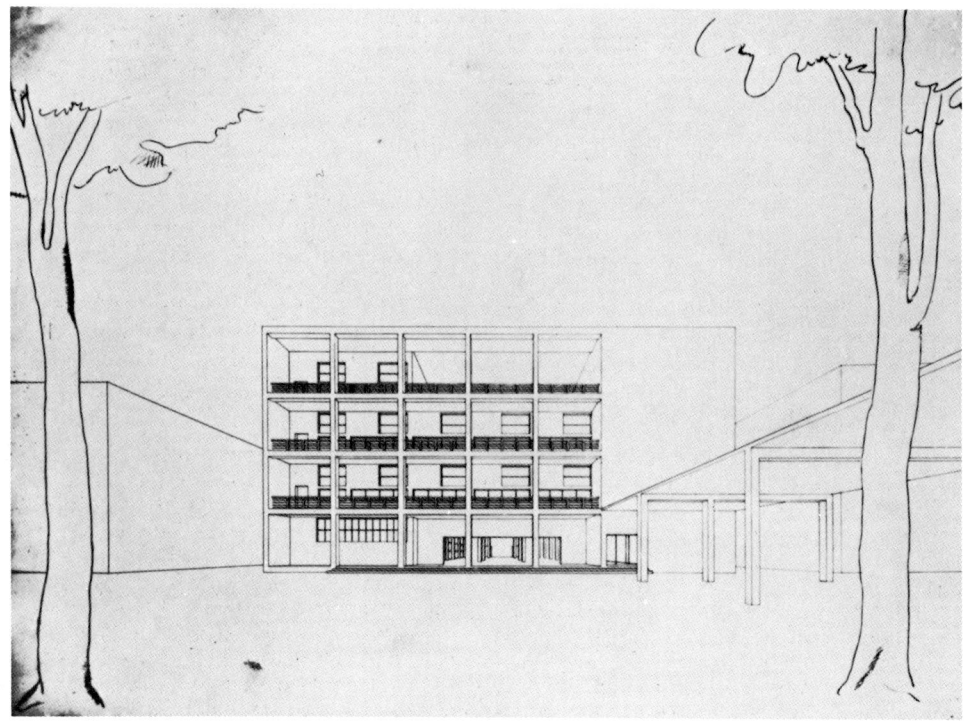

Abb. 15   Studie zur Casa del Fascio, Como, G. Terragni (1933—34)

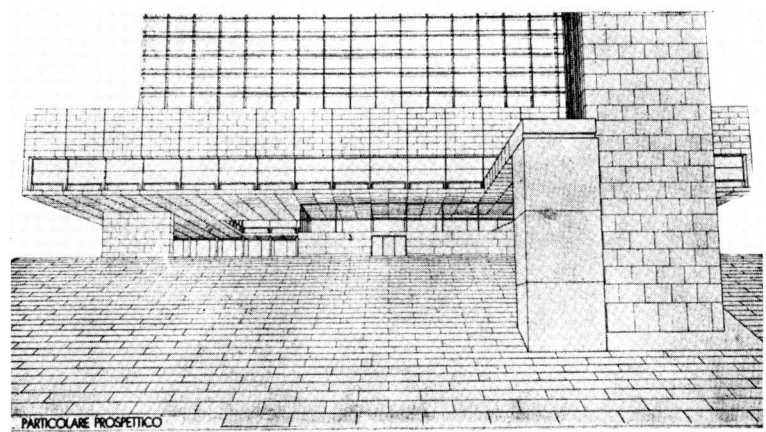
Abb. 16   Kongreßpalast E 42, Rom 1937, Wettbewerb, zweite Stufe.

Diese nicht auf formalen Konnexionen, sondern auf Unterschieden und Gegensätzen basierenden Beziehungen, die allerdings eine positive Interpretation und Identifikation der charakteristischen Eigenheiten der im Spiel befindlichen Subjekte erlauben, dieser Vergleich zwischen einzelnen autonomen Elementen in einer seltenen und intellektuellen Atmposphäre, können in gewissem Maße auf das methaphysische Klima der Stilleben übertragen werden, die Giorgio Morandi in jenen Jahren gemalt hat (Abb. 193). Mit diesem Thema hat Morandi die Relationen der in ihrer Individualität definierten Gegenstände zu dem sie umgebenden Raum eingehend beleuchtet. In ähnlicher Weise hat Terragni das Problem der Planung bzw. der Neuorganisation des zeitgenössischen urbanen Raumes behandelt.

Terragni wurde von einigen namhaften Kritikern als Manierist bezeichnet, doch kann dies durch die bei zahlreichen Gelegenheiten verwendete rationalistische Formensprache nicht bekräftigt werden, denn dieser Duktus entsprach niemals einer formalen Aktion zum Selbstzweck. Nichts war Terragni wichtiger als sein Experiment, in dessen Mittelpunkt er die Innovation der Architektur und der nationalen architektonischen Diskussion angesiedelt hatte, wobei er je nach Themenkreis auch immer eine individuelle Korrektur der nationalen Stilelemente berücksichtigte. Sicherlich nicht unberechtigt ist es, von Terragni als einem Formalisten zu sprechen. Der Wille zur Form und zur Illustration hat des öfteren über jene strikt funktionalen Fragen triumphiert. Baugeschichtliche Spiegelbilder hiezu sind das Novocomum und die Entwürfe für den Palazzo Littorio, wo die plastischen Werte eine relevante Rolle spielen; weiters la Casa del Fascio in Como, das Asilo S. Elia und das Haus Giuliani-Frigerio, wo sich die formalen Werte als sichtbares Ergebnis der geometrischen Raumoperation abzeichnen; ferner die Entwürfe für das Danteum, wo der Bezug zur Geschichte und zur literarischen Vorlage das einzig dringende Anliegen war. Eindeutig formalistischen Charakter zeigte Terragnis Forschung auf den Gebieten einer neuen Klassik, eines neuen Stadtbildes, der Verwendung neuer Materialien und Technologien, die (bis 1936) all jene mit Optimismus beflügelten, die an eine Reform der Gesellschaft und an eine neue Architektur glaubten. Terragnis Interesse und Engagement reichten weit über Themen und Fragen der architektonischen Disziplin hinaus und richteten seine Studientätigkeit auf die verschiedensten Gebiete, weil er zeitlebens bestrebt war, der Baukunst zu einer Erweiterung ihrer Ausdrucksmöglichkeiten zu verhelfen. Zusätzlich wollte er beweisen, wie sich die Architektur ihren eigenen Regeln folgend ständig erneuern und wie sie auch ein positiver Aspekt der expressiven Synthese der Werte einer bestimmten Epoche werden kann.

Für die Gegenwart stellt das von Terragni geprägte Beispiel einen durchaus interessanten und bedeutenden Beitrag zur Architekturgeschichte dar, besonders aber für all jene, die an die Architektur glauben, an ihre Möglichkeiten, sich erneuern und durch das Einbinden von aus der Vergangenheit gewonnenen Erfahrungen und Werten einen bestimmten historischen Augenblick interpretieren zu können. Anhand dieses Beispiels demonstriert er, wie man die Geschichte nicht als Repertoire für rein formale Lösungen verwenden kann, sondern als kulturelles Gedanken- und Formengut von Ausdrucksmöglichkeiten und Kompositionsregeln, deren Gültigkeit sich in den nachfolgenden Epochen und innerhalb der verschiedensten Ästhetiken behaupten wird. Mit Konsequenz und Ehrlichkeit hat er eine individuelle, originelle und unabhängige, jedoch nicht dem Selbstzweck dienende Argumentation entwickelt. Im Gegenteil: Terragnis Werk steht für eine signifikante und aufklärende Beweisführung, stellvertretend für einen zeitgeschichtlichen (italienischen und europäischen) kulturellen Höhepunkt, der einerseits die Integration der in der Tradition wurzelnden Ordnung vertrat und gleichzeitig, sozusagen als gegensätzliche Tendenz, mit der Ästhetik des Abstraktismus experimentierte.

Abb. 17   Rho, Terragni, Oslenghi, Radice in Vallontrone (Aug. 1931) (v. l. n. r.)

Abb. 18   G. Terragni, Selbstportrait in Uniform (1929)

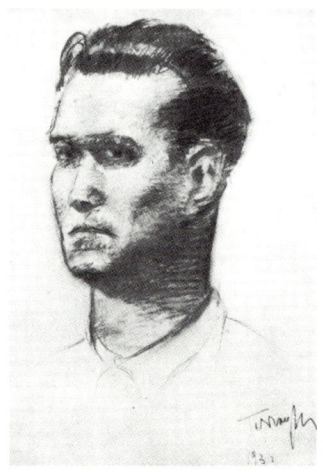

Abb. 19   G. Terragni, Selbstportrait (1932)

Obwohl das eingangs behandelte Thema den wichtigsten Bezugspunkt der gegenständlichen kurzen Analyse darstellt, ist es das zweite Argument, welches den Zugang zur Semantik von Franco Fonattis Arbeit erschließt.

Abb. 20   Metamorphose des Buchstabens M nach der Beschreibung Dantes im »Paradiso«

Franco Fonatti

## GIUSEPPE TERRAGNI ALS MITBEGRÜNDER DER MODERNEN ARCHITEKTUR IN ITALIEN

### Die ersten Anfänge

Die moderne Bewegung kann in Italien im Vergleich zum übrigen Europa erst mit erheblicher Verspätung Fuß fassen. Der Entwicklungsprozeß der Nation hatte die lebendigsten Kräfte verbraucht. Überdies hatte das Fehlen von Rohstoffen auch die Durchsetzung jener Prinzipien enorm verzögert, die in anderen Ländern die industrielle Revolution ausgelöst hatten.
Aufgrund der verspäteten Industrialisierung fehlten natürlich das »Problem des Städtebaus« und folglich die unerläßlichen Voraussetzungen für eine wahre architektonische Innovation. Weiters mangelte es an einer fähigen Architekturkritik, die imstande gewesen wäre, die Probleme nicht immer von einem ausschließlich philosophischen Gesichtspunkt aus anzugehen. Benedetto Croce behauptete zwar, Kunst könne durch alle Ausdrucksformen erreicht werden, und prinzipiell und von einem allgemein philosophischen Standpunkt aus betrachtet entsprach dies der Wahrheit. Bedauerlicherweise aber eignete sich diese Ansicht auch für die Rechtfertigung der Rückkehr zu den sinnlosen Säulen und Scheinbögen. Diese bildeten die grundsätzlichen Merkmale einer inhaltsleeren, vom Faschismus geförderten Architektur, die den Anschluß an den einstigen Prunk des kaiserlichen Roms vollziehen sollte.
Das eben Angeführte macht deutlich, warum eine Suche nach den »Ursprüngen« der modernen italienischen Bewegung in der Zeit vor dem Ersten Weltkrieg erfolglos bleibt.

Im Juli 1914 veröffentlichte Antonio Sant'Elia anläßlich einer Ausstellung seiner Zeichnungen in Mailand das Manifest der »Futuristischen Architektur«.[18] Obgleich allgemein abgelehnt aufgrund des überschwenglichen Stils und der hochtrabenden Behauptungen, enthielt es dennoch ein verdienstvolles Bekenntnis dazu, »die Umwelt mit dem Menschen in Einklang zu bringen, d. h. die Welt der Dinge als eine Projektion des Verstandes wiederzugeben«. Dennoch blieb Sant'Elias Beitrag auf dem Gebiet der Architektur gleich null, weil keine seiner dekorativen Zeichnungen von einem Grundriß begleitet war, der die ästhetische Darstellung gerechtfertigt hätte.
Im Jahr 1926 vereinigte sich eine Gruppe von sieben Architekten, welche die junge rationalistische Bewegung in Italien zu unterstützen gedachten. Sie begründeten durch eine Serie von Artikeln, die in der »Rassegna Italiana« erschienen, die moderne italienische Bewegung, um die sich schließlich viele andere Anhänger scharten.

Diese ›Gruppe 7‹ war 1926/27 von Terragni zusammen mit Figini, Frette, Larco, Libera, Pollini und Rava ins Leben gerufen worden. Sie sollte der Versuch der Verteidigung einiger ihrer Standpunkte bei der Gestaltung eines theoretisch-kulturellen und methodologischen Bildes sein.
»Nicht wir wollen mit der Tradition brechen, es ist die Tradition, die sich verwandelt und neue Aspekte annimmt, unter denen sie nur wenige wiedererkennen. (. . .) Die Architektur kann am Punkt, an dem wir jetzt angelangt sind, nicht mehr individuell sein. Im Rahmen der koordinierten Bemühungen zu ihrer Rettung, um sie zur strengsten Logik, zum direkten Ursprung der Bedürfnisse unserer Zeit zurückzuführen, muß heute die eigene Persönlichkeit geopfert werden. Die neue Generation verkündet eine architektonische Revolution, aber eine Revolution, die ›organisieren‹ und ›konstruieren‹ will. Ein Wunsch nach Aufrichtigkeit, nach Ordnung, nach Logik, vor allem aber nach deutlicher Klarheit, dies sind die wirklichen Kennzeichen der neuen Geisteshaltung.«[19]
Ich zitiere die ›Gruppe 7‹, weil sich daraus sofort das Problem der Beziehung zwischen Architektur und Geschichte ergibt: Jenseits der jugendlichen Forderungen dieser Schriften sind es einige Behauptungen – wie etwa die Tatsache, daß Architektur keine individuelle Angelegenheit sein soll, weiters das Faktum, daß Architektur in dem Augenblick zur Revolution wird, da sie sich organisiert und konstituiert –, die die Erfahrung der italienischen Rationalisten sofort an die Debatte über die geltenden Inhalte fesselt, wodurch sich der europäische Rationalismus auszeichnet.

Abb. 21  V. Triennale (1933). Haus des Künstlers am See. Mario Cereghini, Adolfo Dell'Acqua, Gabriele Giussani, Pietro Lingeri, Gianni Mantero, Oscar Ortelli, Carlo Ponci, Giuseppe Terragni

»Wir erheben aber keinen Anspruch auf die Schöpfung eines Stils, denn durch die ständige Anwendung von Rationalität und aufgrund der perfekten Übereinstimmung der Gebäudestruktur mit den gesetzten Zielen ergibt sich mittels Auslese der Stil. Folgendes Resultat sollte erzielt werden: die einfache Konstruktion, welche allein noch nicht schön ist, durch die unbestimmbare und abstrakte Perfektion des reinen Rhythmus zu veredeln. Man sollte sich daran gewöhnen, daß die neue Architektur, wenigstens für eine gewisse Zeitspanne, teilweise aus Verzicht bestehen wird. Es ist notwendig, große Kühnheit zu zeigen: die Architektur kann nicht mehr individuell sein. Für die koordinierten Anstrengungen zu ihrer Rettung, um sie zur strengsten Logik, zum direkten Ursprung, zu den Ansprüchen unserer Zeit zurückzuführen, muß nunmehr die eigene Persönlichkeit geopfert werden. Allein aus dieser vorübergehenden Nivellierung, aus dieser Verschmelzung aller Strömungen zu einer einzigen Tendenz, kann unsere wirkliche Architektur erwachsen.
Die Geschichte der Architektur kann sich nur weniger Genies rühmen, und nur ihnen war es erlaubt, allein der Inspiration folgend, aus dem Nichts zu schaffen.
Unsere Zeit stellt andere, höhere, brennendere Anforderungen. Ihnen muß man folgen, und wir Jungen sind bereit, uns dazu zu bekennen und für die Schaffung neuer Typen auf unsere Individualität zu verzichten. Dem eleganten Eklektizismus des Individuums stellen wir die Serienkonstruktion ... entgegen.
Man wird einwenden, daß sich die neue Architektur als arm herausstellen wird, aber Einfachheit darf man nicht mit Armut verwechseln: Sie wird einfach sein, und in der Vervollkommnung der Einfachheit liegt der Gipfel der Erlesenheit.
Gewiß, die Zeiten sind nicht mehr fern, da Industriebauten wie Werkstätten, Silos etc. auf der ganzen Welt das gleiche Aussehen haben werden. Diese Internationalisierung wird sich kaum vermeiden lassen. Sollte zuweilen auch eine Monotonie entstehen, so wird sie dennoch einer großartigen Bedeutung nicht entbehren. Auf den anderen Gebieten der Architektur werden sich selbstverständlich wie bisher in jedem Land die nationalen Merkmale, ungeachtet ihrer Modernität, behaupten.«[20]
Dies ist grundsätzlich der »Kampfruf« der Rationalisten, die die Rationalität im wesentlichen als Synthese zweier Elemente verstehen: des Funktionalismus, der die Reduzierung auf das Wesentliche mit sich bringt, und des permanenten Werts der Einfachheit und Konsequenz der klassischen Architektur.

Für die Rationalisten bedeuten Ordnung und Vernunft vor allem Funktion und Gebrauch, während das »Novecento« sie vorwiegend mit Klassik und Avantgarde identifizierte. Trotz dieser unterschiedlichen Standpunkte ergaben sich im Lauf der Entwicklung der dreißiger Jahre dennoch viele gemeinsame stilistische Elemente zwischen dem »Novecento« und den Rationalisten. Besonders deutlich erkennbar sind diese Elemente bereits bei den ersten Werken der ›Gruppe 7‹, welche anläßlich der Biennale delle Arti Decorative in Monza im Jahr 1927 ausgestellt wurden. Das Jahr 1928 sollte für die gesamte europäische Architektur bedeutsam werden: Es erfolgte die Gründung der CIAM (Congressi Internazionali di Architettura Moderna) in Sarraz (Schweiz), und Gropius legte die Direktion des »Bauhaus« zurück, die von Hannes Meyer übernommen wurde; Gropius hatte seinen methodologischen und didaktischen Werdegang bereits abgeschlossen.

Abb. 22   Plakat der ersten Ausstellung der rationalen Architektur, Rom (1928)

Drei Jahre später, im März 1931, wurde die zweite Ausstellung über rationale Architektur eröffnet. Sie steigerte die Polemik um die moderne Architektur bis zu ihrem Höhepunkt. Später traten Giuseppe Pagani, Giovanni Michelucci und Gaetano Minnucci der Bewegung bei, und alles ließ eine immer breitere Wirkung der Jungen vermuten.
»Die Nationale Architektengewerkschaft aber verurteilte öffentlich die genannte Ausstellung und drohte den Organisatoren sogar mit dem Ausschluß. Marcello Piacentini, der zusammen mit Calza-Bini die Geschicke der offiziellen, vom Faschismus eingesetzten Architektenorganisation lenkte, ging in die Offensive: Durch die Erteilung öffentlicher Aufträge gelang ihm die Spaltung der ›Gruppe 7‹, was den moralischen Zusammenbruch der Bewegung auslöste. Alberto Libera, der Sekretär der Bewegung, konnte noch nur ihre Auflösung verkünden (1931). Aber 1933, anläßlich des Wettbewerbs für den Bau des Bahnhofgebäudes von Florenz, behauptete sich die Bewegung von neuem: Die Gruppe Michelucci gewann die Ausschreibung. Schließlich entstand 1933/34 als Werk der Gruppe Piccinato ›Sabaudia‹, eines der besten urbanistischen Denkmäler jener Zeit.«[21]

Abb. 23   Bahnhof S. M. Novella, Florenz, Baroni, Berardi, Gomberini, Guarnieri, Lusanna, Michelucci-Gruppe (1933)

Abb. 24  Gruppe Picinnato (Cancelotti, Mantuori, Scalpelli, Picinnato) (1933—34)

## Was ist »Rationalismus«?

Der Essay von G. C. Argan über Frank Lloyd Wright (1869–1959) ist nicht nur bezeichnend, sondern für die Definition des Begriffs »Rationalismus« und seiner charakteristischen Merkmale ebenso bedeutungsvoll:

»In der kritischen Terminologie der modernen Architektur hat der Terminus ›organisch‹ nunmehr entscheidend den Terminus ›rational‹ ersetzt. Diesen beiden Auffassungen entspricht die zwischen ›organisch‹ und ›konstruktiv‹ passende Antithese. Die europäische Architektur, die sich die figurative Erfahrung des Kubismus zueigen gemacht hat, nannte sich rational: Nur um ihre Höhepunkte anzuführen, nenne ich die Architektur von Le Corbusier und von Gropius. Zweifellos trägt auch der architektonische Rationalismus eine strikt augenfällige, antitraditionalistische Haltung zur Schau: Das heißt übertragen, daß er in der geometrischen Form einen absoluten Wert jenseits aller historischen Bedeutungen sucht. Aber zur Erlangung der wesentlichen Realität muß man über die Zerlegung bestimmter Erfahrungswerte hinausgehen, die Natur aus der verworrenen Ansammlung von Äußerlichkeiten zu den mathematischen Gesetzen zurückbringen.

Man will also das Naturalistische der Erscheinungsformen nicht ausschließen, sondern nach den grundlegenden Regeln der Vernunft reformieren; eine Weltanschauung nicht widerlegen, sondern ihre Fehler korrigieren; das Problem des Gewissens und des Lebens nicht von neuem aufwerfen, sondern die Widersinnigkeiten begradigen. Selbst der Widerspruch der Geschichte ist mehr denn je anfechtbar, weil früher oder später jeder große Künstler der Vergangenheit als Rationalist oder Kubist entlarvt wird. (...) Wir können den sogenannten architektonischen ›Rationalismus‹ als folgerichtige Analyse oder Kritik der Tradition betrachten, die auf das Entdecken der authentischsten und originellsten Grundsätze, auf die Wiederherstellung der wesentlichen Werte gerichtet ist: Deswegen wird sie, sei es auch gegen den akademischen Klassizismus, zu einem idealen Klassizismus und gegen einen Gewohnheitsnaturalismus zu den Grundlagen der Idee der Natur zurückführen.«[22]

Abb. 25  Entwurf für ein Gaswerk in Como, G. Terragni (1927)

## 1927: Entwurf für ein Gaswerk

Die Ideen der »Gruppe 7« gewannen zunehmend an Bedeutung, und es wurde die MIAR, die »Italienische Bewegung für rationale Architektur«, gegründet, welche ihr Schwergewicht auf die Werke der Gruppe verlagerte.
Im Rahmen der ersten Ausstellung der MIAR (1927) im Ausstellungspalast in Rom wurde unter anderem auch dieser Entwurf von Terragni präsentiert, der für die Evolution seiner künstlerischen Formensprache von großer Bedeutung werden sollte.
Die stilistische Matrix des Gaswerks (Abb. 26) wurzelt unmittelbar in der lebendigen europäischen und somit auch in der konstruktivistischen Erfahrung. Verzahnungen, Überlagerungen, geometrische Strenge und schiefe Ebenen lassen den Einfluß des Konstruktivismus deutlich erkennen.
Bei der »Fonderia dei tubi« (Rohrgießerei) desselben Jahres (Abb. 27) verzichtet der Architekt zunächst auf die konstruktivistische Matrix, kann aber noch keine »rationale« Gleichwertigkeit finden. Immerhin offenbart sich der durchaus entscheidende Augenblick der Formgebung Terragnis, die völlig bewußte Wendung im modernen Sinn.

Abb. 26  Originalmodell (1927)

Abb. 27   Projekt einer Rohrgießerei (1927)

Abb. 28    Novocomum, historische Aufnahme aus dem Jahre 1928

## 1927/28: Novocomum

Mit nur 23 Jahren verwirklicht Terragni dieses erste Werk von europäischem Niveau. Die Rationalität der Abfassung, die Einbeziehung von Glas und Stahlbeton, die ausgedehnten Transparenzen, aber vor allem die durchschnittene und wieder zusammengesetzte Gebäudeecke lassen konstruktivistische Akzente erkennen.

Die Kritik sprach einerseits von rhythmischer Neuheit, die von den verwendeten Materialien abgeleitet wurde, und andererseits vom Fortbestand der Mittelmeertradition, die sich aus dem elementaren Spiel der Baumasse ergab. Ein konstruktivistischer und futuristischer Schlüssel, der sich ungeachtet der Kompensationsstörungen behauptet, zeigt gleichzeitig Tradition und moderne Spannung: ein ungeheuerlicher Bruch mit dem Zeitgeist im damaligen Italien.

Die Veröffentlichung einiger (Schwarz-weiß-)Fotos in den Zeitschriften Sartoris' haben zur Popularisierung des »Novocomum« beigetragen und dazu geführt, daß es in der Vorstellung mit einem Werk der »weißen Architektur« verglichen wurde. Das »Novocomum« war jedoch nicht weiß, sondern vielmehr gekennzeichnet durch subtile Farbverbindungen, durch unterschiedliche Kontraste der Mauern und der Durchsichtigkeit der Glasfronten: beige die wichtigsten Wände, azurblau die Geländer, orange die Aushöhlungen der Ecken und die Kragplatten der Balkone. Diese Farben und diese Gegensätze waren ein konstruktiver Bestandteil, Faktoren der Betonung und zugleich Elemente starker Irrealität dieser volumetrischen Komposition.

Abb. 29  Novocomum, Originalmodell

So überlistete Terragni die Baubehörde: Um die Baugenehmigung zu bekommen, reichte er den konventionellen Plan (Abb. 30) ein, realisierte jedoch tatsächlich den Plan nach Abb. 31.

Abb. 30  Novocomum, Ansicht (Einreichungsplan)

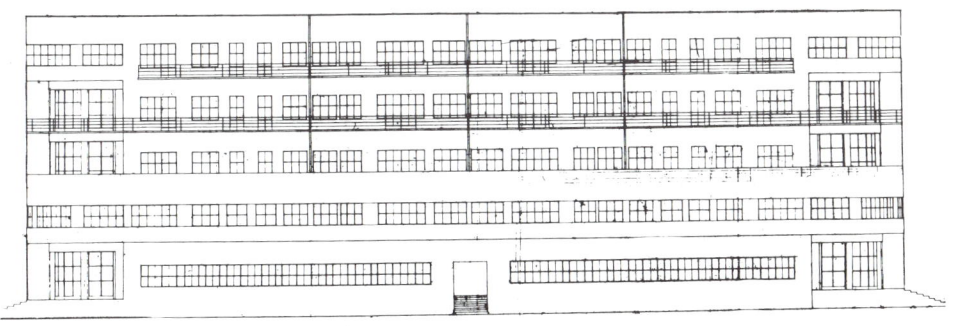

Abb. 31  Novocomum, ausgeführte Fassade

Abb. 32   Club Zujeva, Moskau, Iwan A. Golosow (1926—1928)

Von Iwan A. Golosow übernimmt Terragni das Motiv des in den Würfel eingefügten Eckzylinders: eine erfinderische Anregung, die jedoch solange ausgearbeitet, analysiert und ausgewogen wird, bis sich eine komplexe proportionale Beziehung entwickelt, welche sich auf die anderen Stockwerke erstreckt und sie dadurch charakterisiert. Für Terragni liegt die große Zäsur offensichtlich nicht nach, sondern vor dem Futurismus, der zweifelsfrei entscheidende Einflüsse auf die russische Avantgarde ausgeübt hat.
Bei Golosow ergibt sich die Gebäudeecke aus der Komposition, aus der volumetrischen Überschneidung.
Für Terragni bleibt das entscheidende Problem der Gebäudeecke mehr tektonisch. Der Zylinder trägt das letzte Stockwerk.
Ein Würfel mit zwei zylinderförmigen Glaskörpern, die in zwei einspringende Ecken eingesteckt sind und die ein kreisförmiges Anschlußstück, eine Kragplatte und eine am Ende vorkragende Kante tragen: nur so kann das Haus die rechtwinklige Planimetrie des Grundstückes wiedergeben.

Abb. 33   Wettbewerb für »Elektrobank« in Moskau, perspektivische Ansicht.
I. Golosow (1920)

Abb. 34   Skizze zur Ecklösung des Novocomum, G. Terragni (1927)

Luigi Zuccoli, langjähriger Mitarbeiter von Terragni, schreibt im Jahr 1969: »Gestern abend, im Freundeskreis, diskutierte man über die Affinität, welche zwischen der Ecklösung des ›Novocomum‹, d. h. der berühmten Ecke mit der Auskragung, und den Bauprojekten von Golosow in der Sowjetunion besteht. In den ersten Novembertagen des Jahres 1927 begann ich im Atelier Terragni zu arbeiten. Damals überprüfte Terragni gerade eine Raumskizze des ›Novocomum‹ und versuchte mittels Kartonstückchen und kleinen Holzplatten eine im Entwurf noch nicht endgültig ausgearbeitete Ecklösung zu finden. Die Idee der abgerundeten Ecke war ihm deshalb in den Sinn gekommen, weil das von ihm projektierte Gebäude einen Häuserblock ergänzen bzw. sich neben einem bereits vorhandenen erheben sollte. Dieses andere Gebäude war von einem gewissen Architekten Caranchini erbaut worden, der sein architektonisches Problem mittels krummer Verbindungsflächen zwischen der Hauptfassade und den Seitenfronten gelöst hatte. An den abgerundeten Ecken öffneten sich die Eingänge in die Büroräume des Hochparterres. Wie man heute noch feststellen kann, hatte der gebogene Anschluß etwa die Form eines Viertelkreises. Terragni, der sich der Notwendigkeit der Ergänzung des Häuserblocks gegenübersah, schien es daher logisch, daß dieser Umstand auch die Ecklösung des von ihm geplanten Baus bewirken würde. Und so suchte er damals, im November des Jahres 1927, nach einer entsprechenden Lösung. Nun möchte ich sowohl für die Kritiker als auch für die Wissenschafter einiges feststellen dazu, was bezüglich seines möglichen Aufgreifens von Golosows Elementen gesagt worden ist: Damals hat das Atelier Terragni nur die Zeitschrift ›Moderne Bauformen‹ bezogen – und dies nur sehr unregelmäßig –, worin keine Projekte von Golosow veröffentlicht waren. Dies kann, so glaube ich, in jeder beliebigen Bibliothek nachgeprüft werden. Im November 1927 also hatte Terragni Grundrisse, Fassaden und Schnitte des Gebäudes fast endgültig ausgearbeitet. Das Projekt war also bereits seit Monaten entschieden. Mein erster Auftrag war die Anfertigung einer Axonometrie mit den bereits erforschten Elementen. Daher bin ich überzeugt, bei einer Kontrolle würde sich herausstellen, daß die Ähnlichkeit der Lösungen Terragnis und Golosows nur eine zufällige ist. Soweit mir bekannt ist, hatte Terragni praktisch keine Elemente in der Hand, um sich in besonderer Weise an dieser Lösung orientieren zu können. Dieses Ereignis wollte ich nur deshalb erwähnen, weil ich glaube, daß es für die Gelehrten hilfreich sein könnte.«[23]
Luigi Zuccoli starb am 22. März 1985. Mit dem 78-jährigen schied einer der letzten »Bannerträger« des Comaskischen Rationalismus von uns.
Nach dem Erwerb des Diploms und nach dem Militärdienst begann er am 15. November 1927, also mit zwanzig Jahren, in Giuseppe Terragnis Atelier zu arbeiten. Er sollte seinem Meister immer treu ergeben bleiben.
Während Terragni seinen Militärdienst ableistete, leitete Zuccoli dessen Atelier; dies beweisen auch einige Skizzen, die ihm von Terragni mit lakonischen Bemerkungen bezüglich der Realisierung übersandt wurden (z. B. das Haus Giuliani Frigerio betreffend).

Abb. 35　Novocomum (1928)

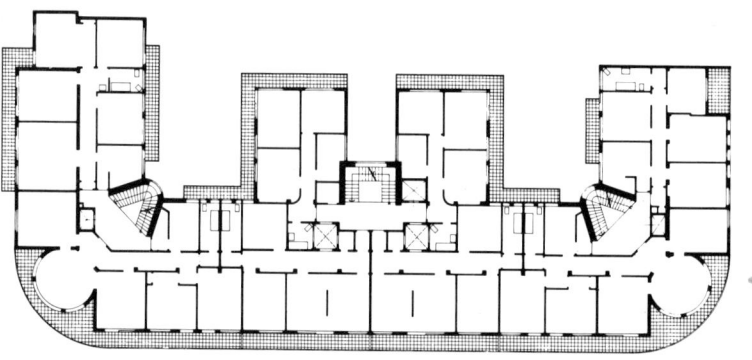

Abb. 36　Novocomum, Grundrisse des 2. und 3. Stockwerks des Entwurfs vom Jahre 1928

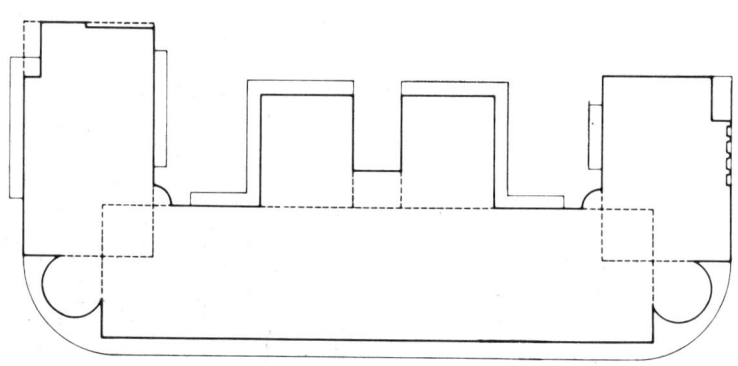

Abb. 37　Novocomum, Geometrie des Grundrisses

Abb. 38  Ecklösung des angrenzenden Gebäudes       Abb. 39  Ecklösung des Novocomum

»Perfekt linear, ohne jegliche Konzession an den Dekorativismus . . ., der Rhythmus wird durch das Spiel der elementaren Rauminhalte erzeugt . . . einst Grundlage der griechischen und der Reanissance-Architektur.
Dieses antiromantische, antidekadente Haus, das nicht aus der Laune, aus der wunderlichen Grille eines Augenblicks, sondern aufgrund neuer geistiger und ästhetischer Bedürfnisse entstanden ist . . ., nur wenige Jahre werden vergehen, und es wird keine . . . Abnormität mehr darstellen. Es wird für alle das Haus von morgen werden.«[24]

Abb. 40  Gesamtansicht des Novocomum

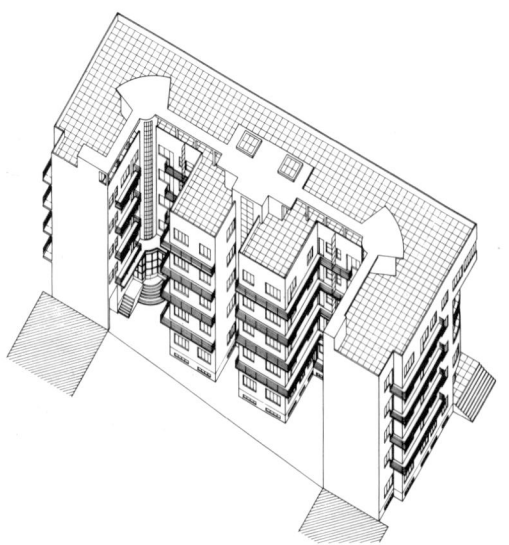

Abb. 41  Novocomum, axonometrische Darstellung der Hoffassade

Abb. 42  Novocomum, Treppenhaus

Abb. 43  Hofeingang zum Treppenhaus

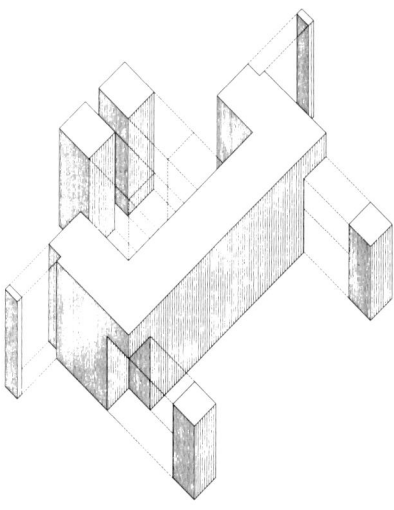

Abb. 44  Subtraktion und Addition der Volumina

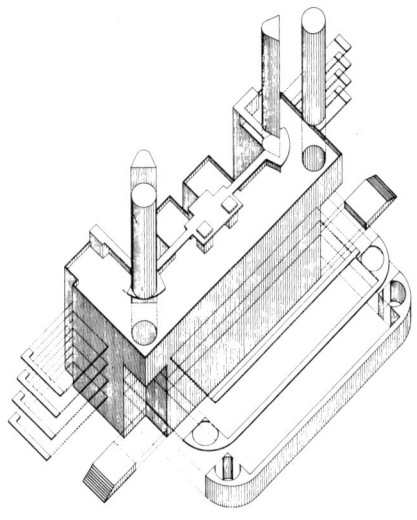

Abb. 45  Zusammenspiel der Gestaltungselemente

Eine der kompositorischen Eigenheiten Terragnis ist die Addition und Subtraktion von Volumina, wodurch eine differenzierte Gliederung erreicht wird, die man als starke Spannung erfährt.

Abb. 46  Novocomum, Treppendetail

Abb. 47  Novocomum, Treppendetail

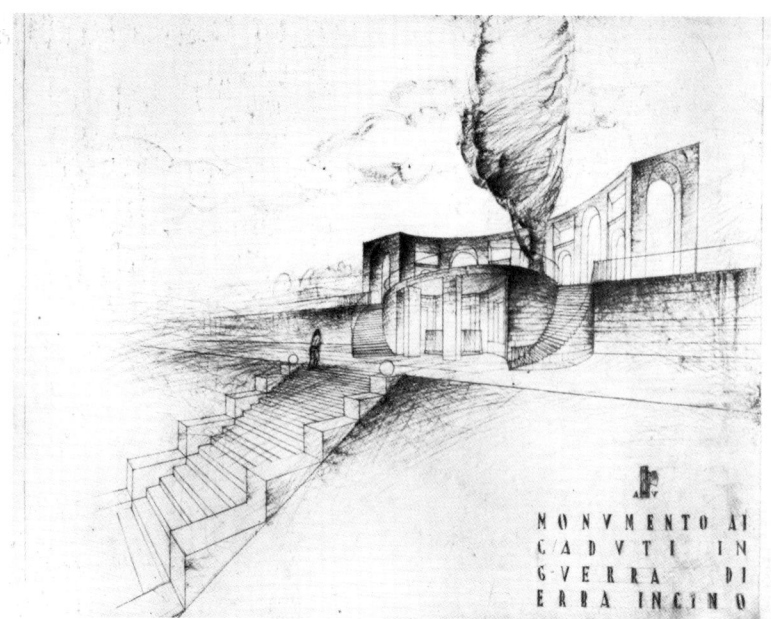

Abb. 48  Denkmal der Gefallenen von Erba Incino, G. Terragni (1928—1932), Perspektive mit Blick zum Innenraum

## 1928—32: Gefallenendenkmal von Erba Incino

Bemerkenswert ist die signifikante Ähnlichkeit zwischen dem mittleren Teil des Denkmals und dem Mittelbau des »Ospedale Maggiore« (Abb. 54).

Abb. 49  Frontansicht des Denkmals

Abb. 50  Gefallenendenkmal

Abb. 51  Denkmal, serlianische Dreiteiligkeit (vgl. mit Abb. 53, Seitenteile)

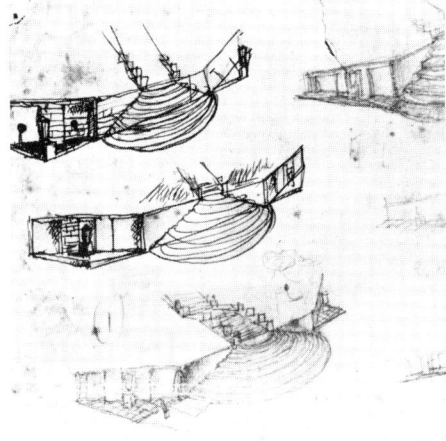

Abb. 52  Entwurfsskizze

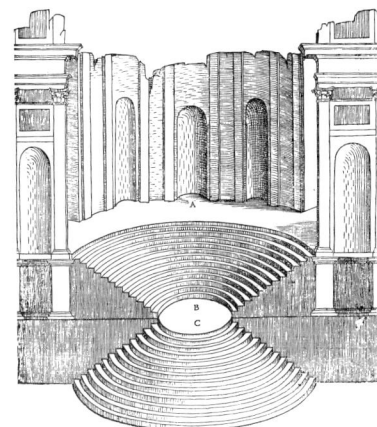

Abb. 53  Zeichnung von Serlio aus dem dritten Buch, Bologna (1551)

Beim vorliegenden Entwurf für das Denkmal der Gefallenen des Ersten Weltkriegs wird seine Kenntnis der Arbeiten des Serlio »Il Bolognese« besonders augenfällig (Abb. 53). Dennoch handelt es sich nicht um eine bloße Übernahme der typisch serlianischen Dreiteiligkeit, sondern um deren originelle Verarbeitung in einer eigenständigen Gesamtkonzeption.

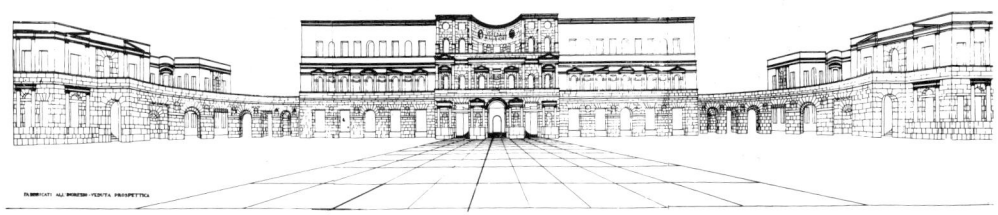

Abb. 54  Wettbewerb für das »Ospedale Maggiore«, Mailand, mit P. Lingeri (1929)

# GIUSEPPE TERRAGNI UND »NOVECENTO«

## Die Grabmäler Stecchini, Pirovano und Membretti

Bei der Planung der ersteren Grabstätten greift Terragni wieder einmal auf das Gedanken- und Formengut der Vergangenheit zurück. So verwirklicht er zwei Architekturen, die sich ohne Regelverstoß in das Zentrum des neoklassischen Friedhofs einordnen.

Bei der Grundrißwahl berücksichtigt er die Anordnung innerhalb der Symmetrien und ergänzt die Ecken mit den bereits bestehenden vertikalen Grabmälern. Die architektonische Operation weist manieristische Prägung auf und erinnert an die in seiner Jugend durchgeführten Studien über Michelangelos Werk. Im großen und ganzen handelt es sich um Experimente über sie formale klassische Formensprache bei Themen ohne funktionalen, sondern vorwiegend zelebrativen Wert.

Abb. 55   Grab Stecchini, erster Entwurf (1932)

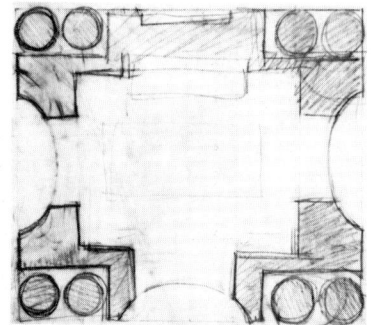

Abb. 56   Grab Stecchini, erster Entwurf, Grundriß

## 1932: Die Stecchini-Grabstätte in Como

Die Grabstätte erweckt die Erinnerung an die napoleonische Welt, deren wesentlicher Bestandteil der neoklassische Stil war. Dies könnte vielleicht die rückschrittliche Wahl Terragnis erklären, entspricht aber im Grunde genommen nicht der Realität. Man braucht nur seine Ausstattung, die Blumenvase und das Altarlicht zu analysieren, »die gegen den von den Autoritäten auferlegten Traditionalismus protestieren«.[25]

Bei den an den Enden verjüngten Standbildern, besonders beim Linienspiel der Lampe, mag man noch das Echo der ermatteten neoklassischen Eleganz registrieren.»Aber die vom Architekten perspektivisch verkürzte und ausgewogene fotografische Darstellung bestreitet das Dogma der Symmetrie, die Statik, die vorgetäuschte Sicherheit, bringt Kreis und Kreuz aus dem Gleichgewicht und verkündet ein neues, unbeständiges und doppelsinniges, der modernen Religiosität innewohnendes Klima.« (Zevi)

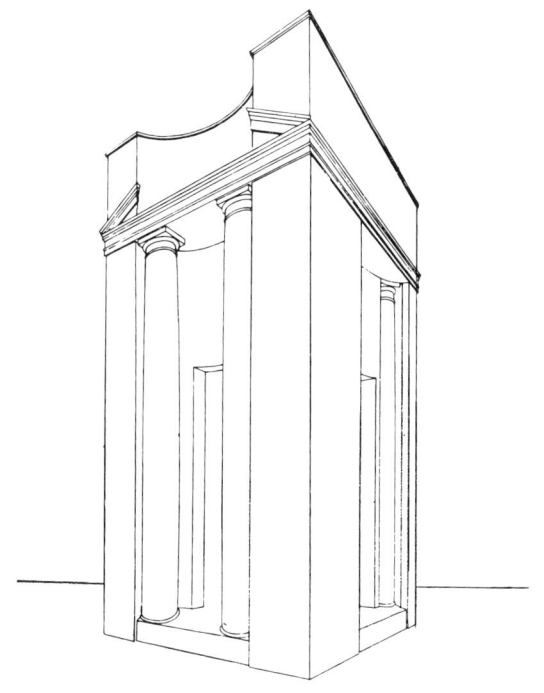

Abb. 57   Grab Stecchini, zweiter Entwurf (ausgeführt)

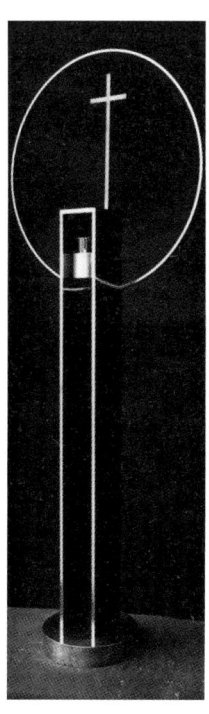

Abb. 58   Grab Stecchini, Altarlampe aus poliertem Kupfer

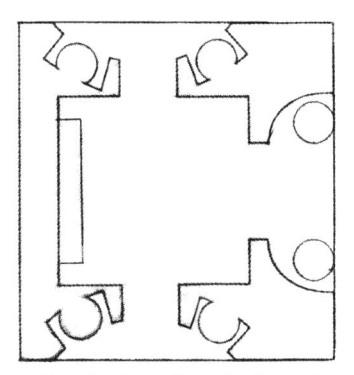

Abb. 59   Grundriß, zweiter Entwurf

Abb. 60   Detail

Abb. 61  Comer Friedhof, links und rechts die eingesetzten Gräber von Terragni

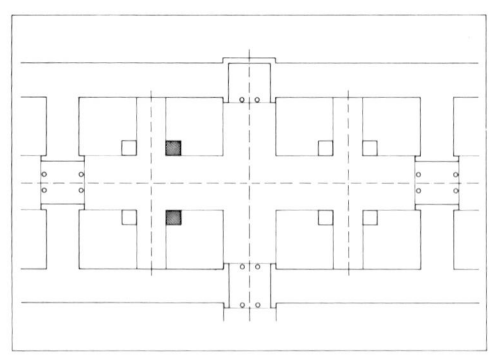

Abb. 62  Schemagrundriß des Friedhofes

Abb. 63  Grab Stecchini

Abb. 64  Grab Pirovano (1936)

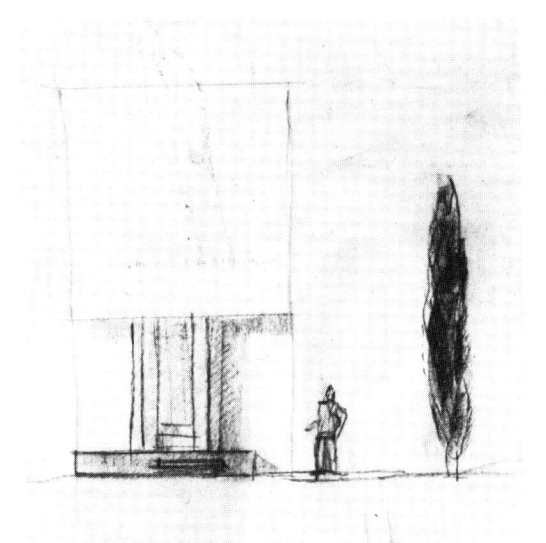

Abb. 65   Projekt für das Grab Membretti, Vorderansicht, Como (1939)

Abb. 66   Grab Membretti, Seitenansicht

Mit dem Grabmal Membretti verläßt Terragni die vom »Novecento« vorgegebenen Wege, die er noch bei den Grabmälern Stecchini und Pirovano gegangen war. Die konsequente Asymmetrie der Plattenkonstruktion erinnert an »De Stijl«.

Abb. 67   Perspektivische Skizze

Abb. 68  Wohnblock an der Piazza Fiume, Mailand, G. Muzio (1936)

# Giovanni Muzio

Bemerkenswert am Bau nach den Plänen von Giovanni Muzio (Abb. 68) ist die vielschichtige Lösung der Fassade hinsichtlich ihrer zweifachen Bedeutung: Die tragende Struktur wird gezeigt und tritt als gleichberechtigtes Ausdrucksmittel neben das »Füllende«.

Terragni entwickelte Muzios Prinzip auch bei der Lösung untergeordneter Datails weiter. So schnitt er z. B. die Kragplatten von Balkonen ein (Abb. 71), um Syntax und Semantik genau ablesbar zu machen.

Abb. 69  Wohnblock, Eckdetail

Abb. 70  Perspektivische Ansicht

Abb. 71  Appartementhaus Giuliani-Frigerio, Como, G. Terragni mit L. Zuccoli, Balkonuntersichtsdetail (1939—40)

Abb. 72  Haus Giuliani-Frigerio, Detail

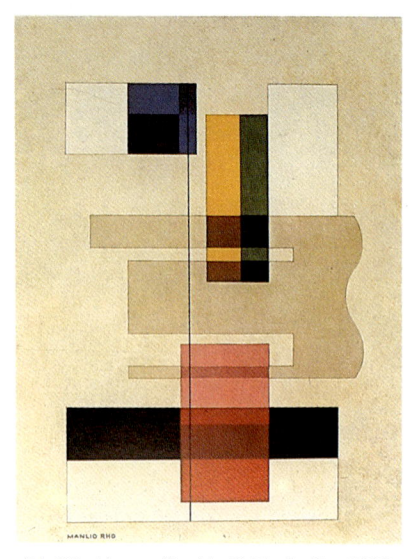

Abb. 73  Komposition Nr. 42, Manlio Rho (1936)

Abb. 74  Skulptur Nr. 21, Fausto Melotti, Mailand (1936)

## Die Abstrakten aus Como

Besonders eng war Terragnis Beziehung zu den Künstlern aus Como, zu den Malern Mario Radice und Manlio Rho sowie zum Bildhauer Aldo Galli[26]. Zusammen mit Ihnen untersuchte und erforschte er gemeinsame Themen, die sie aus der Anerkennung jener Werte bezogen, die mit der abstrakten Figuration und der Suche nach den Prinzipien – die ihre Transformation bestimmten – verflochten waren. Terragni übte nicht nur einen beachtenswerten Einfluß auf sie aus, er nutzte gleichzeitig auch ihre Erfahrungen, die er in architektonische Formensprache übertrug. Terragni beauftragte Mario Radice mit der Gestaltung der Wände im Gesellschaftsraum des Casa del Fascio. Radice sollte hier Terragnis Konzeption und Planung visualisieren, welche von den räumlichen und geometrischen Grundsätzen der abstrakten Idee gelenkt waren. Zwischen diesem spezifischen architektonisch-figurativen Doppelbegriff und jenem analogen des Danteum/Sironi-Reliefs besteht ein erheblicher Abstand, der sich erst beim eingehenden Ablesen enthüllt. Neben der Sprache offenbaren sich auch zwei Seiten einer Münze, zwei Momente im Rahmen derselben Forschungsarbeit, deren Zielsetzung es ist, mit neuen Architekturen zu experimentieren und eine präzise Beziehung zwischen dem Bauwerk und dem figurativen Kunstwerk zum Ausdruck zu bringen.

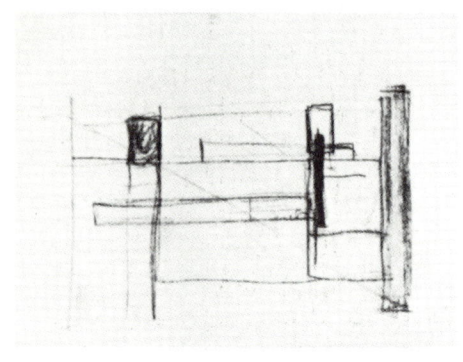

Abb. 75  Studie zum Gefallenendenkmal (1934)

Abb. 76  Studie zum Gefallenendenkmal

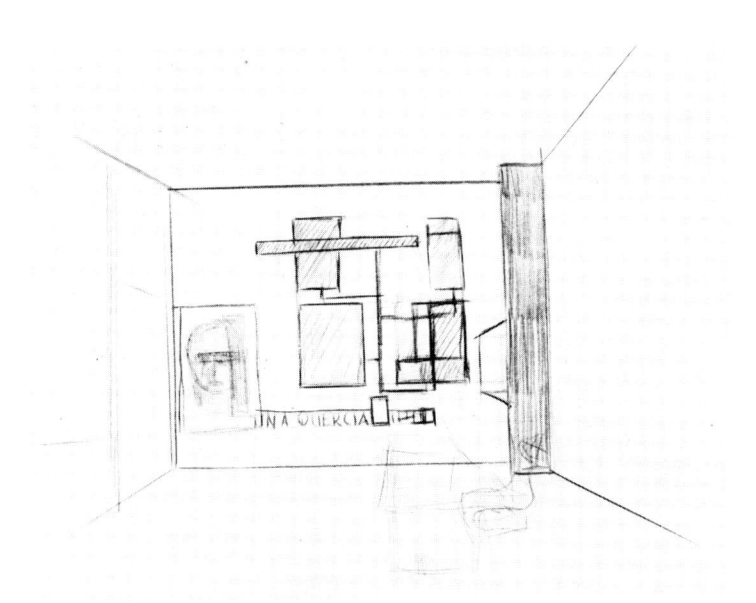

Abb. 77  Casa del Fascio, Studie zum »Federale«, Como, G. Terragni (1932—1936)

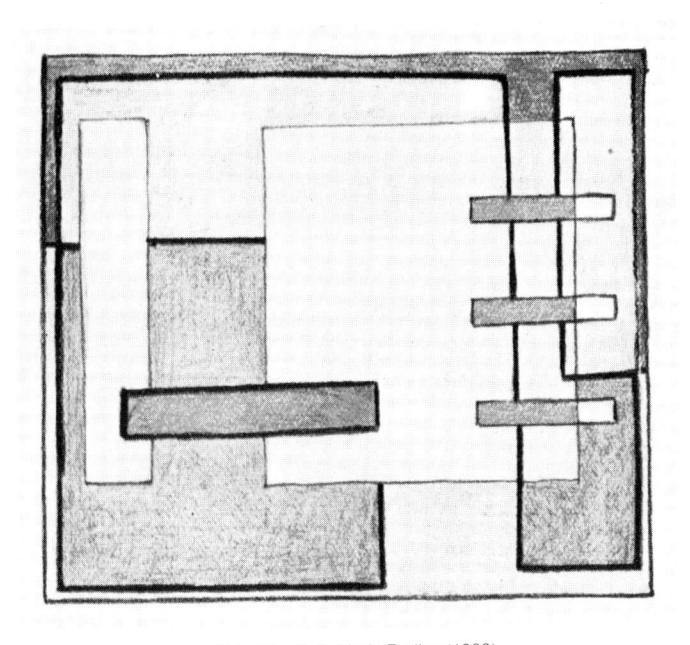

Abb. 78  C. F., Mario Radice (1933)

Abb. 79  Casa del Fascio, perspektivische Ansicht

## 1932–1936: La Casa del Fascio in Como

Der Hauptsitz der faschistischen Partei in Como wurde im Jahr 1932 entworfen, jedoch erst 1936 ausgeführt. Das Haus erhebt sich im historischen Zentrum der Stadt östlich vom Dom und des Stadtteils Borletto, also geringfügig versetzt bezüglich der alten Achse des Stadtlebens, die sich als normale Richtlinie der künftigen Entwicklung des städtischen Konglomerats erweisen sollte. »Es stellt wohl den engagiertesten Entwurf Terragnis dar, und nicht von ungefähr hat es sowohl in der Kulturszene als auch bei den Kritikern aus den Reihen der Avantgarde sofort großen Erfolg geerntet.«[27]

Abb. 80  Casa del Fascio, Skizze mit der Inschrift: »Deve essere una casa di vetro« (Dies muß ein Haus aus Glas sein)

Klassik, Modernität und mediterraner Stil scheinen hier zu verschmelzen.
Mit dieser Baulichkeit wollte Terragni ein »Haus aus Glas« verwirklichen. Es sollte nicht nur auf metaphorische, sondern auch auf physische Weise die Transparenz des Faschismus nachweisen. Ergänzend dazu wollte er innerhalb der eigenen architektonischen Poetik die Renaissancetypologie des Palazzo Nobile mit dem zentralen Hof neu ausarbeiten. Bezeichnend für Terragni ist ein bei seinen öffentlichen Gebäuden oft durchgeführtes Experiment, bei dem er die Suche nach einer typologischen Umgestaltung mit einer metaphorischen Bedeutung zu verschmelzen oder beide zu addieren versucht. Das heißt: die ›internen‹ Anforderungen des Gebäudes in der architektonischen Typologie und in der Möglichkeit suchen, über einen geometrischen Verwandlungsprozeß zu einem in der Lösung bisher unbekannten Resultat zu gelangen, welches dem Ausgangsmodell aber inhaltlich und sinngemäß getreu ist.

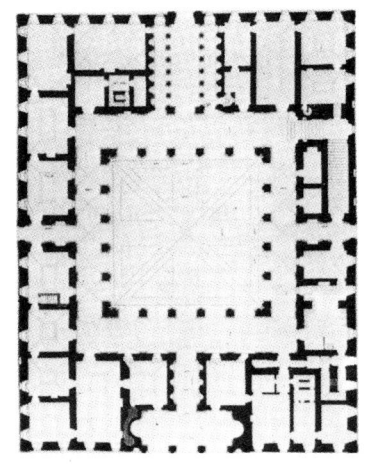

Abb. 81  Palazzo Farnese, Grundriß Erdgeschoß, Rom, Antonio da Sangallo und Michelangelo (1513)

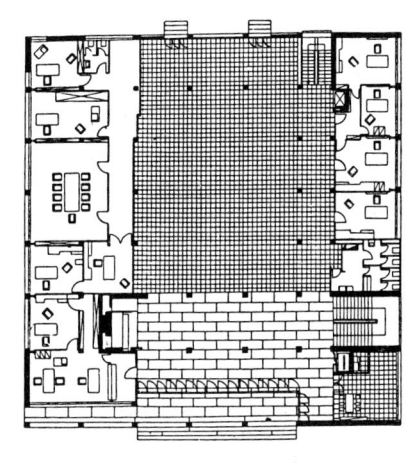

Abb. 82  Casa del Fascio, Grundriß Erdgeschoß

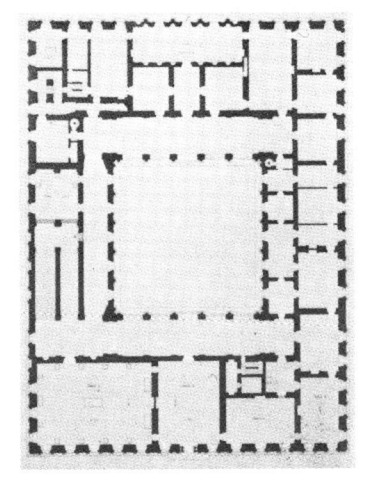

Abb. 83  Palazzo Farnese, Grundriß des Obergeschosses

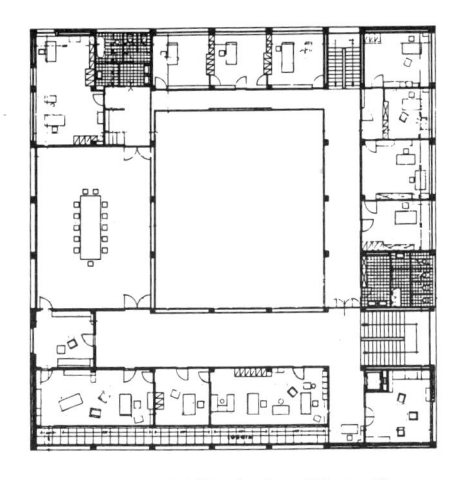

Abb. 84  Casa del Fascio, Grundriß des Obergeschosses

Das Gebäude erhebt sich auf einem quadratischen Grundriß: Die Seitenlänge beträgt 33,20 und die Höhe 16,60 Meter (genau die Hälfte der Basisseite); es handelt sich praktisch um einen halbierten Würfel, der durch das Spiel Hohlraum – Masse charakterisiert wird. (Später wird man diese Prinzip mit aller Konsequenz beim Haus Rustici in Mailand wiederfinden.) Das gesamte

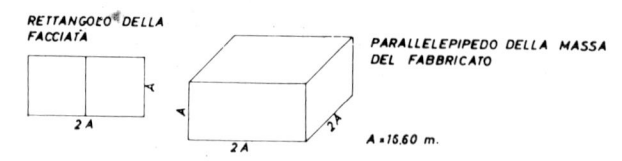

Abb. 85  Volumenverhältnisse der Casa del Fascio, G. Terragni

Bauwerk entwickelt sich rund um den im zentralen Teil liegenden Versammlungsraum, der zwei Stockwerken entspricht (Grundriß 16 mal 14 Meter). Der Lichteinfall erfolgt von oben durch die mit großen (spiegelnden) Glasbausteinen ausgeführte Decke. Der Rest des Hauses wird von Büroräumen beherrscht, die folgendermaßen angeordnet sind: Im Hochparterre befinden sich die große Halle mit Zugang zum »Sacrario dei Martiri« (Märtyrergedenkstätte) und zum Salon, weiters die Portierloge, die Garderobe und die Büros für die Parteidelegierten.
Die Gestalt des Hauses entwickelt sich ganz von außen, vom Platz, vom Luftraum, und ihre Bewegung wird sogleich wieder auf den Außenraum übertragen. Dies bewirkt eine umfangreiche Serie von Abschweifungen, beginnend bei einem alten Hilfsmittel, nämlich dem Eingang (das Tor, erste Bewährung eines geschlossenen Blocks, in den nur schwer einzudringen ist), der hier durch eine Reihe von Glasvorbauten ersetzt wird, die alle in einem Zug auf und zu gehen. Dieser ausgedehnte und überraschende Einsatz von Glasfronten findet dann überall reichlich Anwendung, wie z. B. bei gewissen Wand- und Dachöffnungen. Für diese bleiben auch im innersten Punkt des Hauses die am weitesten entfernten Raumelemente aktiv, aus denen der Blick auf die Brunate-Bergkette entsteht.
»Diese Öffnungenhaben einen rein ästhetischen, expressiven und nicht strikt funktionalen Ursprung.
Ich bestehe nachdrücklich auf diese Hervorhebung, weil der erste Anstoß für diese neue Architektur vom Funktionalismus ausgelöst wurde. Sollte die Funktion jedoch zum besseren Vorurteil werden, könnte er genausogut ihre frühzeitige Dekadenz einleiten. Auch die ›Funktion‹ kann Literatur sein. Ein andermal ist bereits erklärt worden, wie die Architektur innerhalb der Grenzen des ›Funktionalen‹ wirkt, und dies ist ihre Freiheit.
Es soll deutlich gesagt werden, daß diese Gefahr und dieses Vorurteil nicht auf Terragnis Werk zutreffen. Gewiß, Architekten sind für saolche Vorurteile literarischer Natur leicht einzunehmen, Terragni jedoch ist es nur, wenn er von seiner Arbeit spricht, nicht aber, wenn er arbeitet.«
La casa del Fascio stellt einen geschlossenen Block dar, der aber tatsächlich eine komplexe interne Gliederung aufweist.
In diesem Zusammenhang äußerte sich Terragni folgendermaßen: »Der Gedanke, welcher dem Entwurf zugrunde liegt und mich andauernd beschäftigt, betrifft das Aufeinanderabstimmen zweier Aspekte einer neuen Ordnung: Kunst und Politik.«[28]
Der Würfel ist »voll«, aber stark durchlöchert; er ist umfänglich symmetrisch, bidhaft aber verändert er sich unentwegt (so wie auch alle voneinander abweichenden Fassaden).
Für den Grundriß ist charakteristisch, daß man ihn weder als »blockiert«, noch als »frei« bezeichnen kann, weil er ein geschlossener Block bleibt.
Wie so oft in der Avantgardearchitektur, scheint sich die Geometrie noch vor dem Entwurf als Gestaltungsmatrix, als Ausgangselement der Formen zu behaupten. Tatsächlich liegt hier weniger ein durch geometrische Beziehungen aufgebautes, als vielmehr ein negiertes und widerlegtes Volumen vor, welches derart ausgehöhlt und erodiert wird, bis es lediglich als schablonenhaft wirkendes Muster existiert. Die Methode der Gestaltung beruht auf dem »Wegnahme-Prinzip« und geht von einem vorgegebenen Raumgebilde aus: Nur einige Teile des Würfels behaupten sich als volle, materielle Körper, während der Zusammenhang der Figur durch einen Raster aus Balken und Pfeilern wiederhergestellt wird, die die vollen Teile verbinden und die Transparenz der Landschaft sowie des Himmels umrahmen.

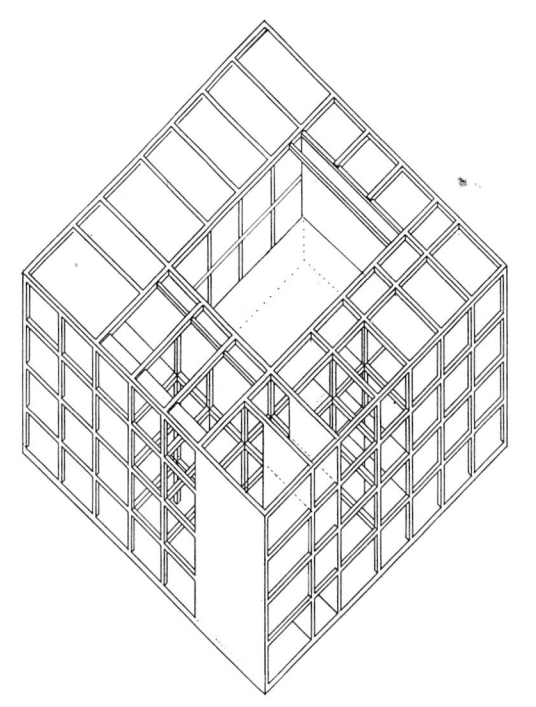

Abb. 86   Casa del Fascio, geometrische Unterteilung des Würfels

Le Corbusier hat in einer seiner Skizzen drei mögliche architektonische Gestaltungstypologien hypothetisch zusammengefaßt:
eine gegliederte, die gefährlichste;
eine körperhafte, die schwierigste;
eine im Inneren eines abgegrenzten Profils ausgearbeitete, die beste.
Terragnis Beharrlichkeit bezog sich vor allem auf die dritte der vorhin erwähnten Gestaltungstypologien: das freie Einfügen der Funktionen in eine limitierte Hülle.

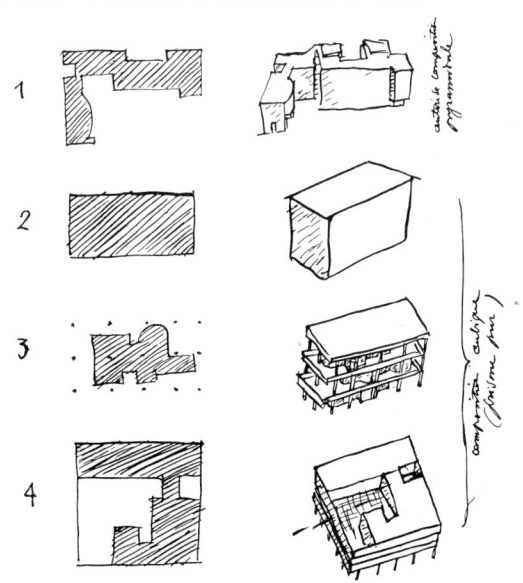

Abb. 87   Skizze der möglichen architektonischen Gestaltungstypologien, Le Corbusier

Abb. 88  Blick auf die Casa del Fascio

Abb. 89  Casa del Fascio, im Hintergrund der Brunate-Berg

Sofern man La Casa del Fascio in Como in bezug auf den dahinter liegenden Brunate-Berg betrachtet, erweckt es den Eindruck eines scheinbar isolierten und in seiner geometrischen Definition geschlossenen Objekts. Wenn man aber das natürliche Profil des Berges mit der geometrischen Strenge des Fassadenrasters konfrontiert, läßt sich daraus ein Schlüssel zur Interpretation ableiten. In der Relation zum Dom wiederum repräsentiert das Haus einerseits das Abschlußelement einer der beiden von den Tangenten der seitlichen Apsiden determinierten Symmetrien und andererseits jenes der südöstlichen Seite des Platzes (wie eine Zeichnung von P. Eisenmann demonstriert).[29] Bei einer Synopsis beider Subjekte (Berg und Dom) übernimmt das Haus gewissermaßen die Funktion einer optischen Kamera, womit bei einem kritischen Anblick durch den Gebäuderahmen ihre wesentlichen Merkmale erfaßt und abgelesen werden können.

Abb. 90  Einbeziehung des Doms im Erdgeschoßgrundriß

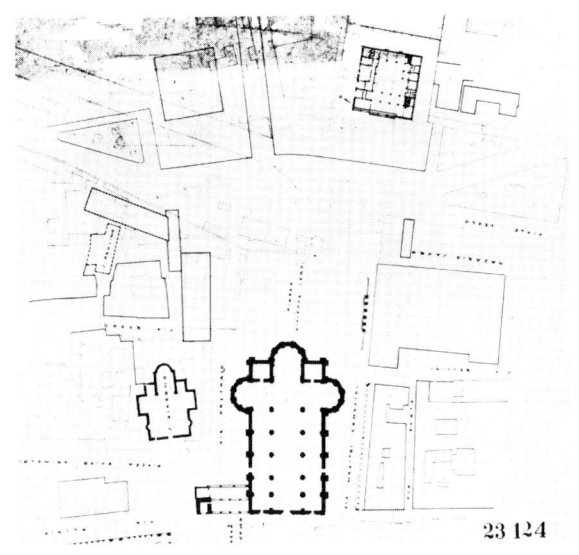

Abb. 91   Städtebauliche Beziehung Dom — Casa del Fascio

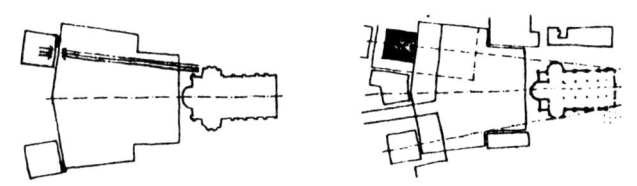

Abb. 92   Grundriß des Domplatzes in Como, Wechselwirkung zwischen Dom und Casa del Fascio nach einer Analyse von P. Eisenmann

Abb. 93   Dom von Como, von der Dachterrasse der Casa del Fascio aus gesehen

Abb. 94   Casa del Fascio, Haupteingangszone

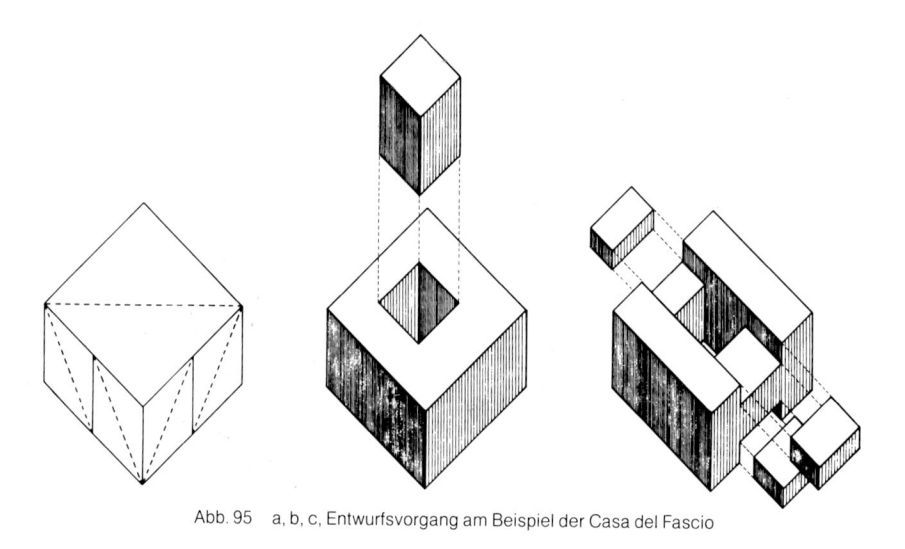

Abb. 95   a, b, c, Entwurfsvorgang am Beispiel der Casa del Fascio

## Zerlegung und Zusammenfügung

Nach dem französischen Autor Roland Barthes wird der Strukturalismus dadurch begründet, daß man die Realität ergreift, sie zergliedert und wieder neu zusammensetzt.
Inmitten dieser beiden objektiven Realitäten liegt etwas Neues, nämlich die Verständlichkeit, die den Intellekt darstellt, welcher sich mit dem Objekt zusammenschließt.
Es ist der folgende Zusatz, der für Barthes Bedeutung hat: »Es ist die Spur des Menschen, seine Geschichte, seine Situation, seine Freiheit der Wahl und der Schranke zwischen der Natur und seinem Geist.«[30]

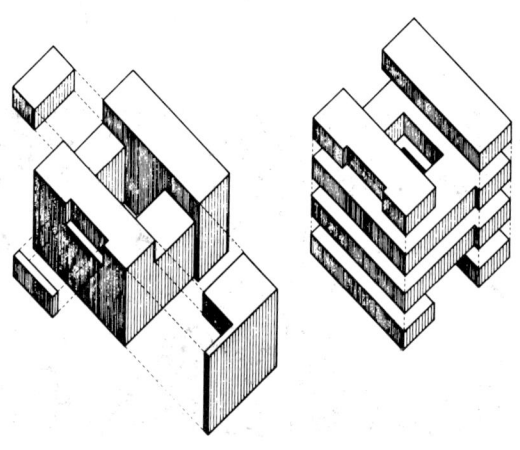

Abb. 95   d, e, Zusammenfügung 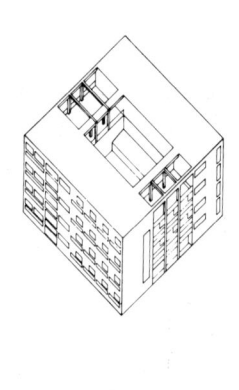                    Abb. 96   Gesamtbild

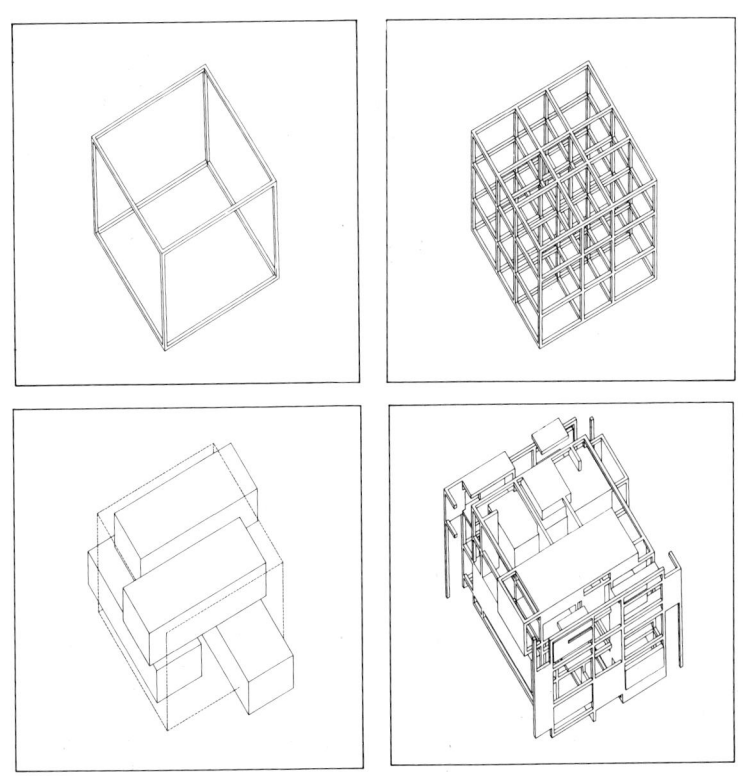

Abb. 97—100  Peter Eisenmann, Haus IV (1971), Gestaltungsoperation nach Terragni, Zerlegung und Zusammenfügung

Peter Eisenmann erweist sich als echter Schüler Terragnis, der seinerseits einen Schritt über Le Corbusier hinausging: Terragni ging nach der dritten Gestaltungsvariante Le Corbusiers vor, zerlegte jedoch das so entstehende Produkt weiter in seine Submodule, welche er neuerdings zusammenfügte. Eisenmann erweiterte die Syntax zusätzlich um das Ausdrucksmittel der Schwenkung.

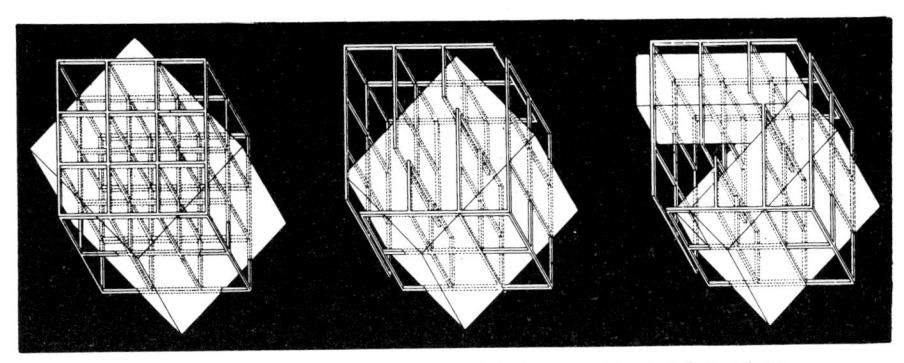

Abb. 101—103  Peter Eisenmann, Haus III (1970), Transformation durch Schwenkung

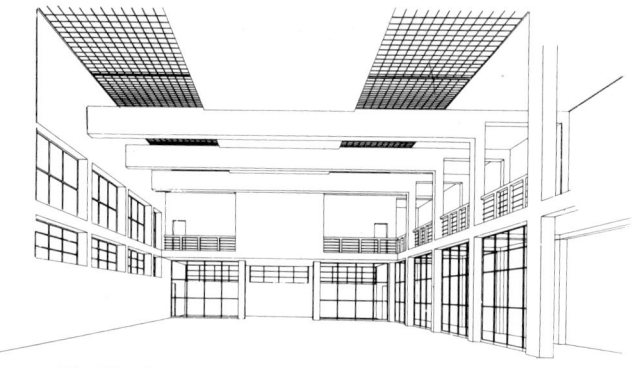

Abb. 104   Casa del Fascio, Zentralperspektive der Eingangshalle

Ausgehend von einem klassischen Grundriß, gelang es Terragni, das Innere der Halle wahrhaft rationalistisch zu gestalten, so daß der Eindruck einer »technoiden Hülle« entsteht.

Die drei Phasen der Entwicklung Terragnis
Obwohl Terragnis Wirken auf vergleichsweise wenige Jahre beschränkt war, lassen sich dennoch drei ausgeprägte Phasen seiner Entwicklung erkennen, wobei Grundriß und Fassade die wesentlichen Kriterien zu ihrer Unterscheidung liefern.
Erste Phase: Terragni konzipiert nach dem Prinzip »klassischer Grundriß – moderne Fassade«. Die Casa del Fascio in Como kann als vollendetes Beispiel für diese Schaffensperiode gelten.
Zweite Phase: Terragni plant streng rationalistisch. Am Projekt für den Palazzo Littorio nach Variante A läßt sich die bestimmende Maxime »moderner Grundriß – moderne Fassade« klar ablesen.
Dritte Phase: Das Schema »moderner Grundriß – klassische Fassade« erweist sich als logische Umkehr der Konzeption der ersten Phase. Musterbeispiel hiefür stellt das Danteum-Projekt dar.

Abb. 105   Detail der Eingangshalle 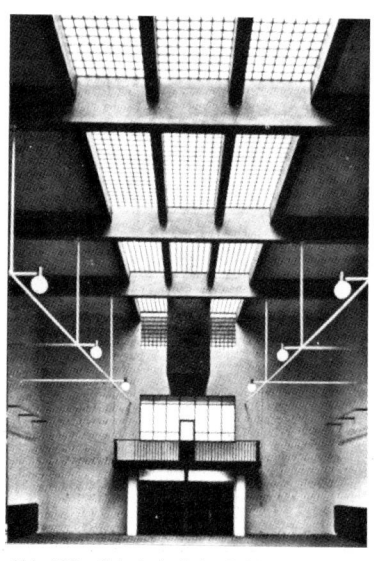     Abb. 106   Schule in Celle, O. Haesler (1927)

Abb. 107   Composizione C. F. O. 33, Mario Radice (1932—1934)

Abb. 108   Wandpaneel für die Casa del Fascio, M. Radice

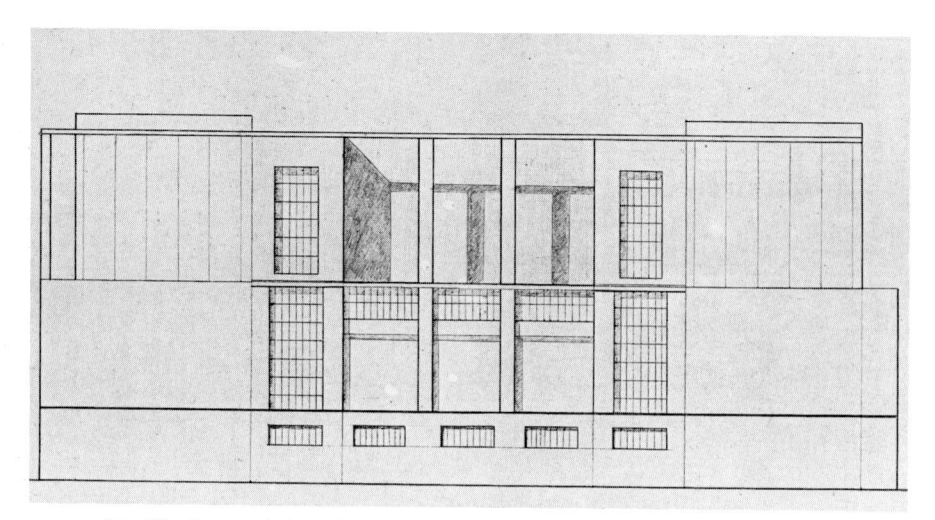

Abb. 109    Kunstpalais, heute Palais der Triennale, Parco Sempione, Mailand, G. Muzio (1930)

Das bereits erwähnte Prinzip der serlianischen Dreiteiligkeit wurde auch von Muzio befolgt (Abb. 109), dessen Fassaden im allgemeinen in zwei »volle« und einen »hohlen« Teil gegliedert sind.

Terragni bereichert seine an Muzio gemahnenden Fassadenlösungen um ein entscheidendes Moment: die Einbeziehung der Gebäudeecke als vierten, semantischen Teil.

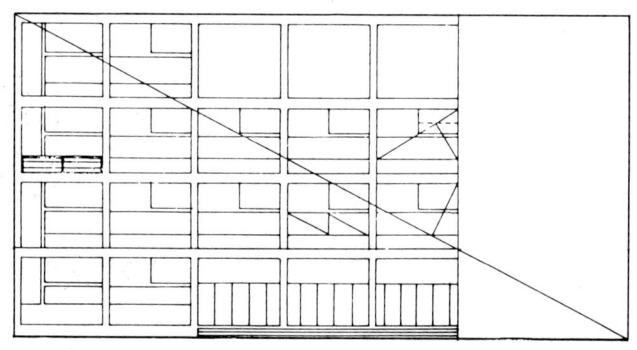

Abb. 110    Proportionsstudie der Hauptansicht der Casa del Fascio

Beim Casa del Fascio erweist sich das kubische Volumen als Ordnungselement, welches den verschiedenen Fassaden jedoch die Möglichkeit der Entwicklung und Ausarbeitung des Basisthemas zugesteht, das vom rechteckigen Rahmen der Fassade verkörpert wird; ein von der Klassik durchströmter Rahmen, der dem Betrachter das Innere und die Komplexität des Bauwerkes offenbart; eine algebraisch-geometrische Komplexität, die, wie die Fassaden beweisen, intellektuell und dennoch rational und kontrolliert ist.

Gleichzeitig übernehmen die Rationalisten Themenkreise der europäischen Praxis und illustrieren mit den neuen Eisen- und Stahlbetonkonstruktionen, mit neuen Materialien, die Elemente einer modernen Ausdrucksform: »Große Öffnungen und Glasinterventionen mit dem Stellenwert einer Oberfläche, horizontale Stratifikationen, subtile Pfeiler.«

Abb. 111  Casa del Fascio, Hauptansicht

Abb. 112  Ansicht von der Via M. Bianchi aus

Abb. 113  Hofansicht

Abb. 114  Ansicht von der Via Pessina aus

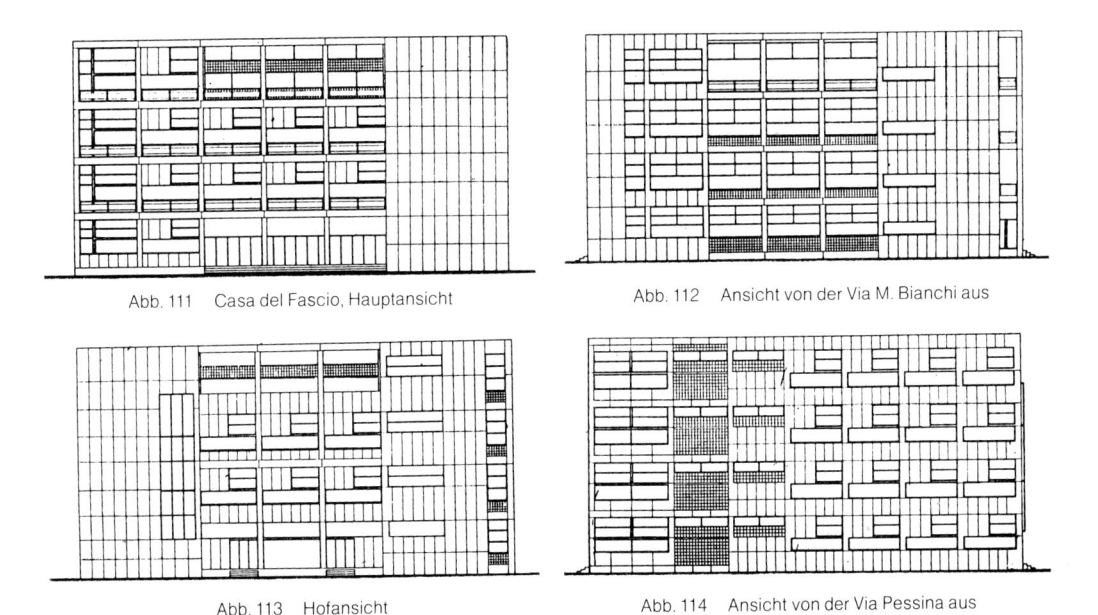

Unter Verwendung subtiler Nuancierungen schafft Terragni eine Differenzierung des Motivs der Fläche für die Fenster der jeweiligen Fassade. Die Hauptfassade zeigt Fenster und Rahmen im Mauerausschnitt sitzend (Abb. 118). Bei der Fassade an der Via Pessina (Abb. 115) wird das Motiv der Schichtung herangezogen: Das Fenster sitzt losgelöst von der Öffnung hinter der Fassade. In der Hoffassade (Abb. 116) wird wiederum die Schichtung verwendet, jedoch ist hier das gesamte Element einige Zentimeter zurückgesetzt, sodaß die Struktur der Hauptansicht zutage tritt.

Bei der Ansicht zur Via Bianchi (Abb. 117) sitzen die Fensterelemente wie jene der Hauptfassade; diesen werden jedoch Metallrahmen als durchsichtige Trennung zwischen Außen (Luft) und Außen (Mauerloch) vorgesetzt.

Abb. 115—118  Casa del Fascio, Fenstertypologien

Abb. 119  Elektrizitätswerk, Zeichnung von Antonio Sant' Elia

Abb. 120  Gefallenendenkmal, Como, G. Terragni (1931—1933)

## Beziehung zu Sant' Elia

Keine große Freude hatte Terragni an der ihm aufgezwungenen Arbeit am Entwurf für das Monument für Sant' Elia; er leitete es kurzerhand von einer Skizze Sant' Elias ab (Abb. 119).

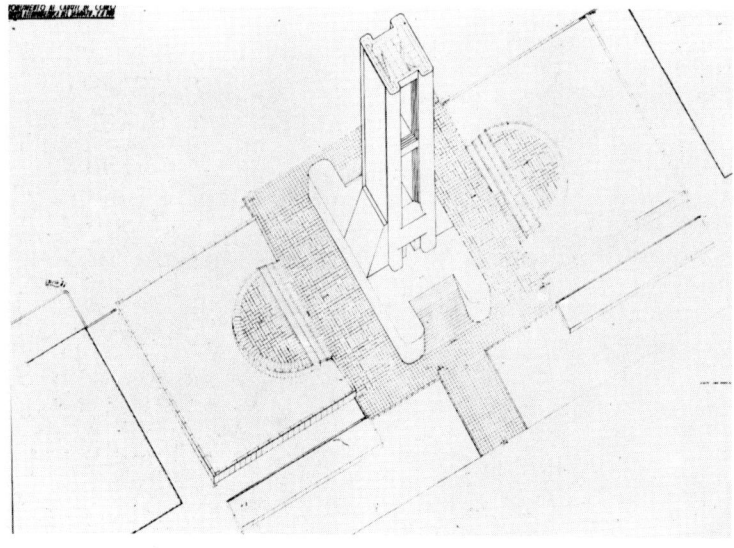

Abb. 121  Axonometrische Darstellung

Abb. 122 Frontansicht

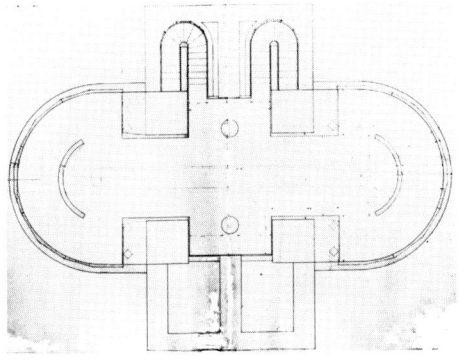

Abb. 123 Grundriß

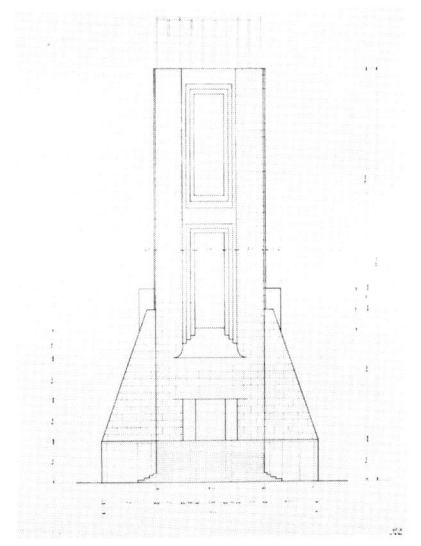

Abb. 124 Nordansicht

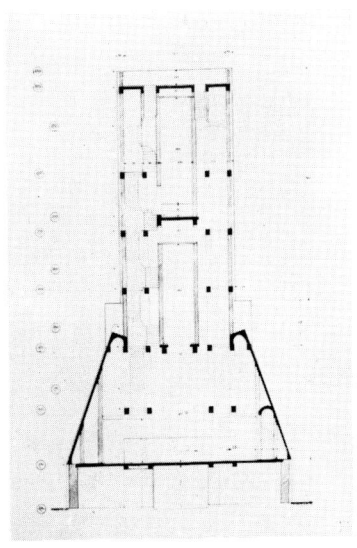

Abb. 125 Schnitt

57

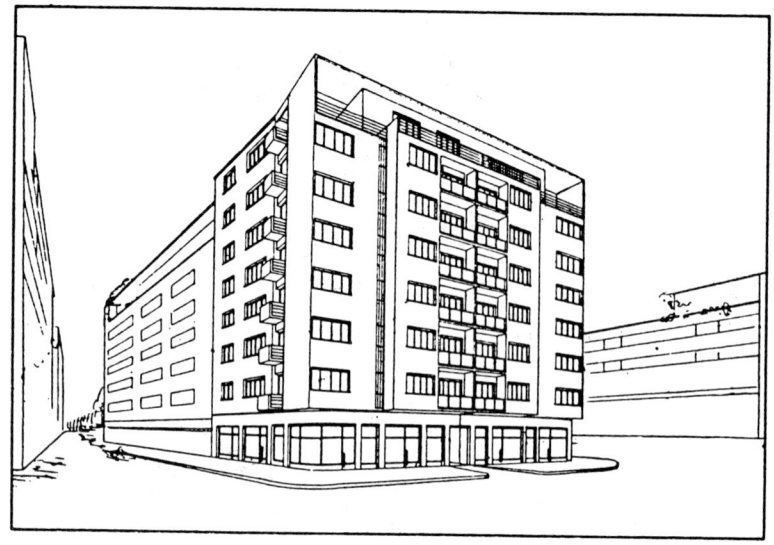

Abb. 126  Haus Ghiringhelli, Mailand, Piazzale Lagosta 2, G. Terragni und P. Lingeri (1933—34)

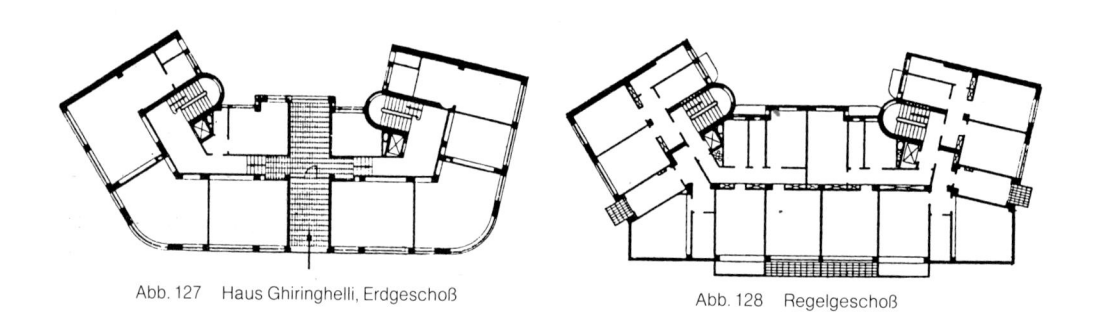

Abb. 127  Haus Ghiringhelli, Erdgeschoß

Abb. 128  Regelgeschoß

## 1933: Haus Ghiringhelli in Mailand
(Pietro Lingeri und Giuseppe Terragni)

Das Haus Ghiringhelli begrenzt den Kopf eines Häuserblocks, und obgleich es jeglicher Dekoration bar ist, präsentiert es sich zum Platz als Baukörper mit monumentalen Charakteristiken. Beim Haus Toninello wird wieder die städtische Typologie des Gebäudes auf einem kleinen Grundstück und das Schema des Maison Plainex von Le Corbusier gewählt. Das Haus Lavezzari erteilt eine neuerliche Antwort auf das Leitmotiv der urbanen Monumentalität. Hier wurde ein Haus konzipiert, bei dem die baubehördlichen Bestimmungen maximalst ausgenützt wurden.
Das Haus Rustici-Comolli liegt in einer wenig attraktiven Gegend der Stadt, und zwar in der Nähe eines Bahnhofs. Anstatt ein elegantes Äußeres auszuspielen, sucht es seine Audruckskraft in der eloquenten Verwendung von Konstruktionsmaterialien industrieller Herkunft.
Die Laufwege mit rechteckigen Balken aus Beton werden zum Enthüllungsmoment eines Interesses, das sich auf neue Materialien und Typologien richtet, die imstande sind, eine urbane Realität industrieller Natur zu vermitteln.
Gerade die Häuser Rustici und Rustici-Comolli erlauben uns das Aufgreifen eines anderen grundlegenden Themas im Bereich der architektonischen Poetik von Giuseppe Terragni. Es handelt sich um die Beziehung zwischen seiner persönlichen Baukunst und jenen zwei Stilrichtungen der figurativen Kunst Italiens, die während der Zwischenkriegszeit dominierten: die Malerei des »Novecento« und die abstrakte Malerei.

Abb. 129　Wohnblock Ghiringhelli

Der Grundriß ist axial und symmetrisch, die Struktur aus Stahlbeton, die Fülleelemente sind aus einem leichten Material mit Luftkammern.
Durch zwei Faktoren gibt sich der Architekt zu erkennen:
a) durch den »freien« Grundriß des letzten Stockwerks, den wir beim Haus Rustici wiederfinden werden;
b) durch die ausgedehnten, durchsichtigen Fassadenflächen.
Die Randfenster erstrecken sich von Trennwand zu Trennwand, und die senkrechten Fenster reichen vom Fußboden bis zur Decke.
Die im »Sitz der Faschistischen Partei« und im »Haus am See für den Künstler« verwendeten Glasbausteine werden hier so eingesetzt, daß eine ganze Mauer gegen ein Lichtband eingelöst und ein Durchgangsfilter zwischen Hohlraum und Masse gebildet wird.
Auch hier also hat Terragni das Licht zum Protagonisten seiner Innenräume gemacht.

Abb. 130　Haus Ghiringhelli, Seitenansicht

Abb. 131　Ecklösung, Erdgeschoß

Abb. 132　Fassadengliederung eingeschnittene Fensterstreifen

Abb. 133 Wohnblock Toninello, Mailand, Via Perasto 3, G. Terragni mit P. Lingeri (1933—34)

## 1933: Haus Toninello, Mailand
(Pietro Lingeri und Giuseppe Terragni)

Das Wohnhaus ensteht auf einem Grundstück von 12 Metern Breite an der Via Perasto (Tiefe 28 Meter) und füllt eine Baulücke. Es handelt sich um einen relativ kleinen Wohnblock aus serienmäßigen Zweizimmerwohnungen. Dennoch fand Terragni auch diese »kleine« Bauaufgabe wichtig als Beispiel einer optimalen Lösung im eingeschränkten städtischen Bereich. Hauptmerkmal des Baus ist die gänzlich zur Straßenseite orientierte Fassade mit den großen Öffnungen (der Wohnräume).

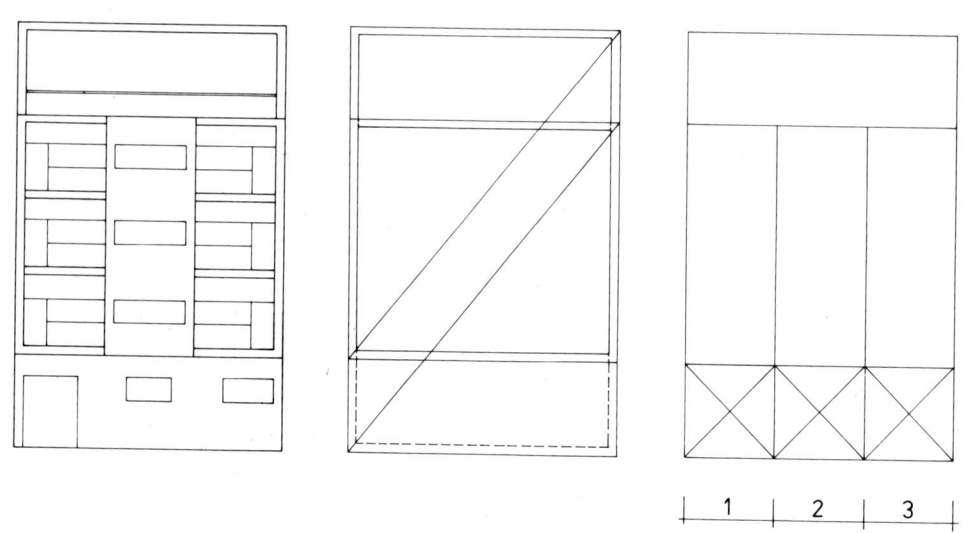

Abb. 134 Haus Toninello, das »Gleiten in der Ansicht«

Abb. 135  Hauptansicht

Abb. 136  Das Schließen einer Baulücke am Beispiel Haus Toninello

Die Erschließung erfolgt nicht über Laubengänge, sondern durch Passagen, die zwischen die Geschosse eingeschaltet sind. Dadurch wird eine ideale Belichtung und Belüftung der Nebenräume über den Innenhof gewährleistet.

Wie im Grundriß, hält Terragni sein Gestaltungsmerkmal des »Gleitens« auch bei den Ansichten ein. Das Gleiten zweier Rechtecke (im Goldenen Schnitt), die Dreiteilung der Fläche, die horizontale Gliederung bzw. Zonierung, aber auch die vertikale Betonung sind die typischen Gestaltungskriterien Terragnis. Symmetrie und Umrahmung werden zitiert als bekannte Eigenschaften des italienischen Rationalismus. (Wie mehrmals erwähnt, läßt sich das Prinzip der »Umrahmung« vor allem aus den Bildern Giorgio Morandis ableiten. Abb. 193.)

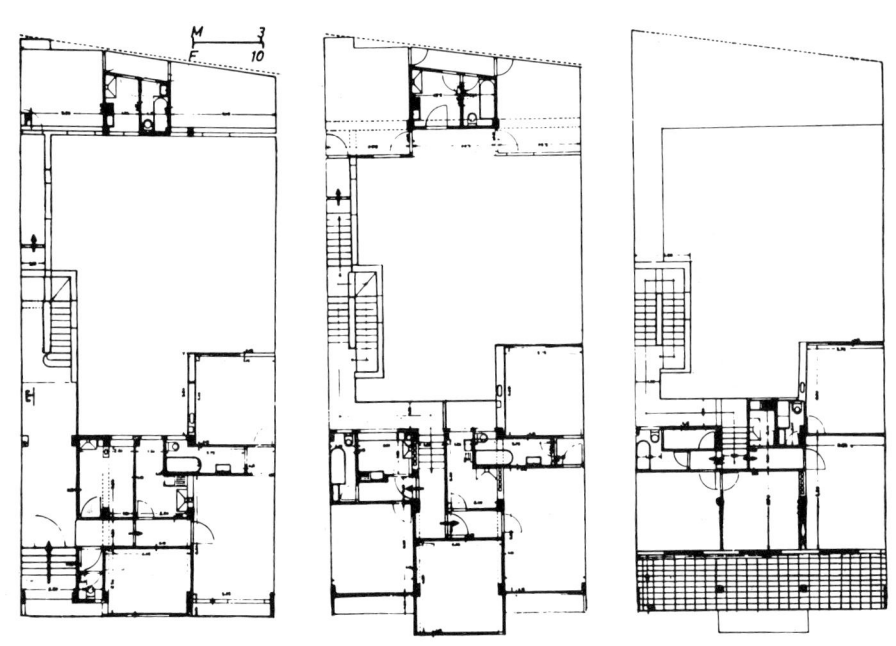

Abb. 137  Grundrisse Eingangsgeschoß, Regelgeschoß und Dachgeschoß

## 1933—35: Haus Rustici

Das Haus Rustici am Corso Sempione (eine Prachtstraße in Mailand) ist ein wahrer Innovationsvorschlag in bezug auf das Verhältnis Bauwerk/Stadt. Trotz Berücksichtigung einiger traditionsverbundener Regeln — ersichtlich an der Symmetrie, an den Haupt- und Nebenfassaden, am nicht bewohnbaren Erdgeschoß, an der Verwendung wertvoller Materialien wie Marmor — wird hier eine alternative Hypothese geboten, die zu einem entscheidend neuen Ergebnis auf dem Gebiet der Typologie und der Bildaussage führt. Mannigfaltig sind die charakterisierenden Elemente: Sie reichen von den Bogengängen, die das Bild der Fassade zum Corso prägen und die Öffnung des Innenhofes erlauben, bis zur Verwendung zweier unterschiedlicher Materialien (Marmor und Verputz), um den strukturellen Rahmen von den tragenden Wänden abzuheben; von der Konstruktion einer sozusagen »über dem Haus liegenden Villa« im letzten Stockwerk bis zur figurativen Ablösung des Seitenturms.

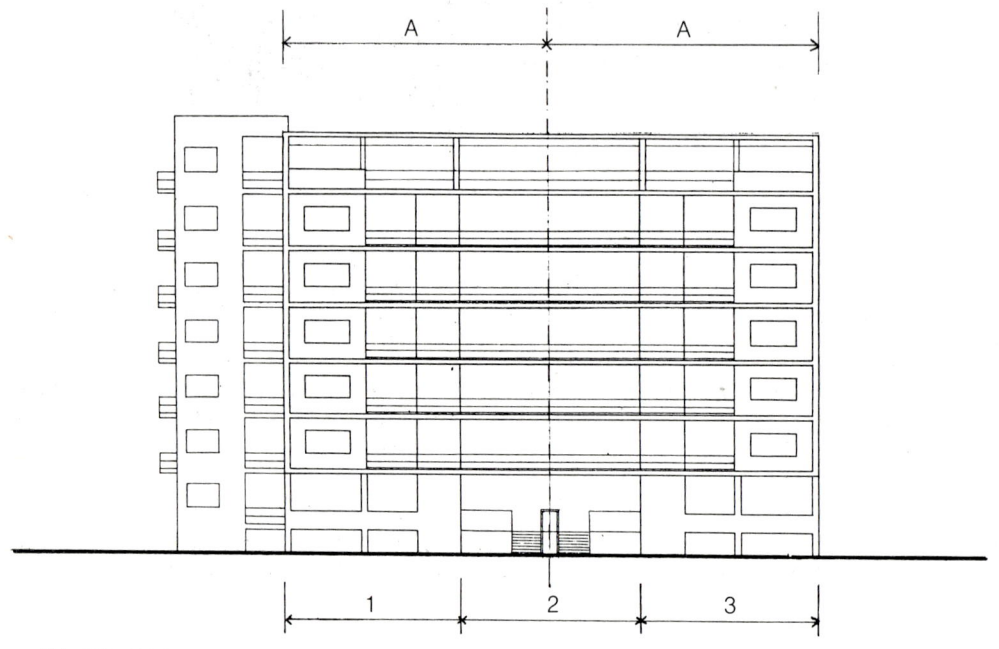

Abb. 138   Zeichnung der Hauptansicht des Hauses Rustici, Mailand, Corso Sempione 36, G. Terragni mit P. Lingeri (1933—1935), Symmetrie und Asymmetrie sowie die Dreiteiligkeit der Fassade werden hier sehr deutlich

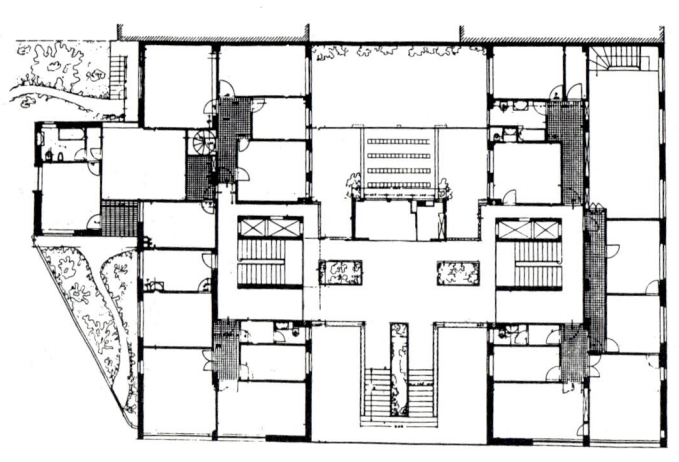

Abb. 139   Haus Rustici, Eingangsgeschoß

Abb. 140   Haus Rustici

Diese Projekte nehmen eine Sonderstellung im Rahmen der Bauvorschriften ein und können als eine Art Experiment betrachtet werden (so wurde das Haus Rustici neunmal von der Baukommission zurückgewiesen, weil es im Vergleich zu den Vorschriften zu innovativ war). Jede Situation ist ein Grenzfall, ein Versuch, über die Routine des Projekts hinauszugehen, Bedingungen und Auflagen für die Erfindung neuer Lösungen auszunützen. Vom formalen Gesichtspunkt aus besteht keine Verbindung zur geschichtsträchtigen Vergangenheit, sehr wohl aber zum Zeitgeist und zur europäischen Gegenwartsarchitektur, allerdings unter Berücksichtigung der traditionellen Werte der architektonischen Komposition mit urbaner Bedeutung.

Offenheit vor allem wollte Terragni bei der Lösung des Wohnbaus Rustici ausdrücken. Daher öffnete er den Block zum Corso Sempione, wie aus dem Grundriß hervorgeht (Abb. 141).

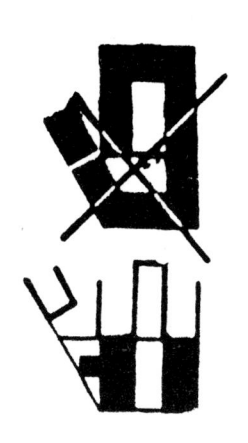

Abb. 141   Terragnis Symbol zum Zeichen der veränderten Blocktypologie

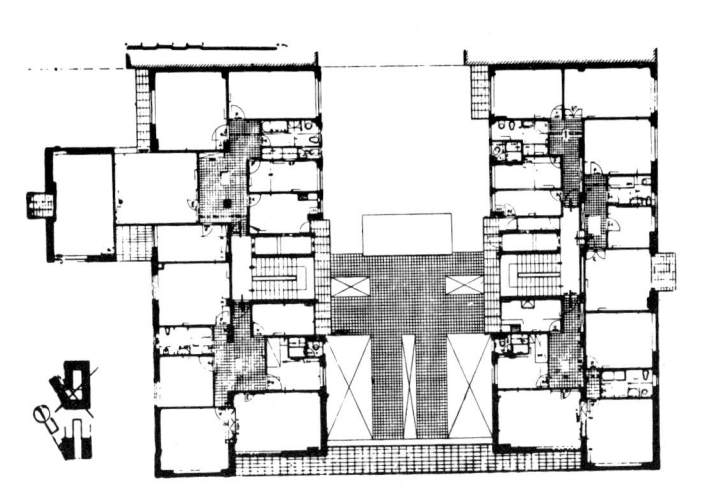

Abb. 142   Haus Rustici, Grundriß des ersten Obergeschosses mit dem erklärenden Zeichen unten links

Abb. 143 Seitenansicht. Hier wird durch die gezielte Anwendung verschiedener Materialien eine optimale und differenzierte Gestaltung erreicht

Abb. 144 Hauptansicht zum Corso Sempione

Abb. 145 Hofansicht

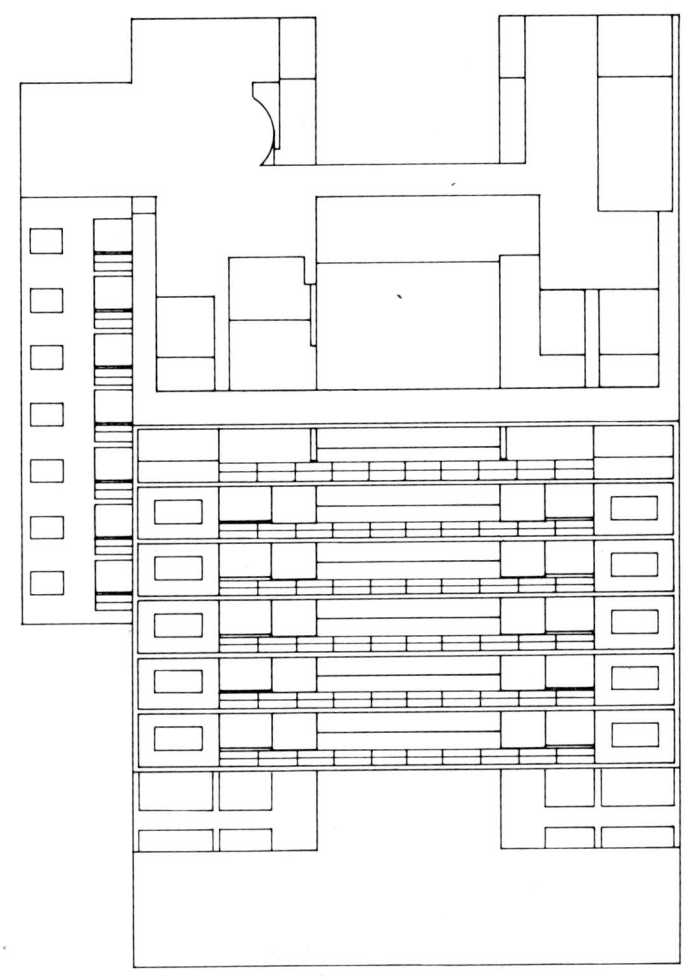

Abb. 146   Axonometrische Darstellung, mit aufgesetzter Dachvilla

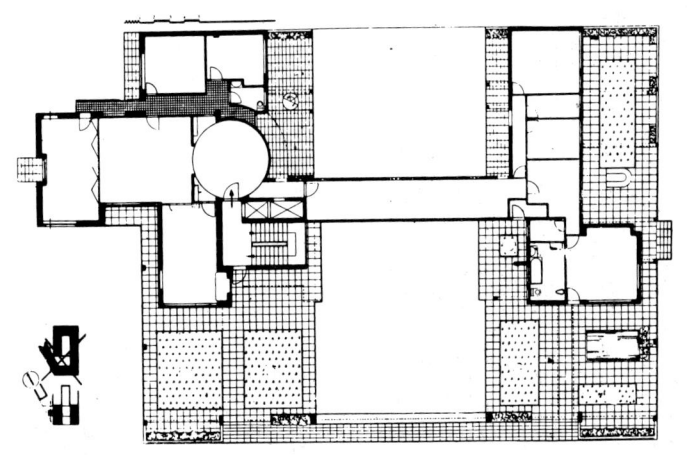

Abb. 147   Dachgeschoß

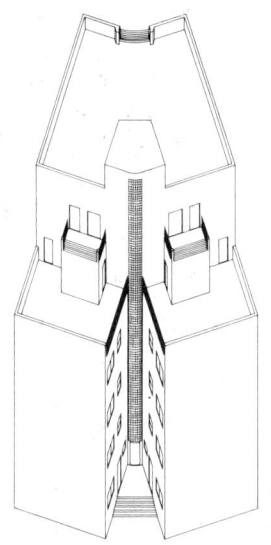

Abb. 148  Haus Lavezzari, Mailand, G. Terragni mit P. Lingeri (1934—35), axonometrische Darstellung

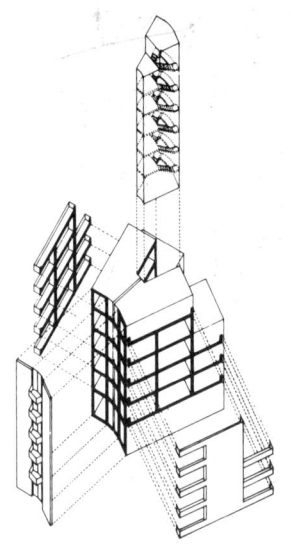

Abb. 149  Zerlegung der Volumina

## 1934/35: Haus Lavezzari in Mailand

Das Haus Lavezzari ist ein Eckgebäude mit Blick auf einen halbrunden Platz, von dem die Straßen strahlenförmig wegführen. Die Form des Grundstücks gleicht jener eines Trapezes mit zwei konvergierenden spitzwinkeligen Seiten und einer ziemlich schmalen Fassade in Richtung auf den Platz; tatsächlich beträgt die Fensterfront auf diesen etwa neun, die Entwicklung auf den Seitenstraßen etwas weniger als zwanzig Meter.

Die typologische Lösung gehört zu den für diesen Grundstückstypus üblichen und reichlich wiederholten Ausführungen. An der inneren Ecke liegt die zum Hof führende Treppe. Geschäfte und Portierswohnung befinden sich im Erdgeschoß, und auf den darüber liegenden Stockwerken sind jeweils zwei bis drei Wohnungen angelegt. Betrachtet man das Gebäude vom bildlichen Standpunkt aus, scheint es auf relativ ungewöhnliche Art gelöst zu sein. Es erweckt den Eindruck, als bestehe es aus zwei klar getrennten und voneinander unabhängigen Teilen, fast wie zwei auf den Platz zu einem »V« zusammenlaufende Baueinheiten, die den Treppenblock zangenförmig umschließen. Dieser Eindruck entsteht folgendermaßen: Die zum Platz gehende Vorderfront wird durch einen tiefen senkrechten Spalt unterbrochen, und die auf den Hof gehenden Baueinheiten werden durch eine fortlaufend enge und hohe Glaswand getrennt, welcher somit auch die Funktion der Lichtgebung für das Stiegenhaus zufällt.

Abb. 150  Vorderansicht

Abb. 151  Ansicht vom Piazzale Morbegno

Abb. 152    Außenperspektive

Abb. 153    Haus Lavezzari, Mailand, Piazzale Morbegno 3

Die Fassade zum Platz besteht aus zwei vollen, stark vertikalen und leicht konvergierenden Platten. In Ihren Zwischenraum fügen sich die Balkonbauten ein, die das immer wiederkehrende ›Terragnimotiv‹ des senkrechten Spalts mit eingeschobenen Elementen repetieren.
Die auf die Seitengassen gehende Baueinheit hat eine vier- bis sechsstöckige Abstufung. Die Fronten sind gleich; jede hat in der Mitte einen vorgebauten rechtwinkeligen Körper, der an beiden Seiten von den Kragplatten der Balkone fortgesetzt wird.
Die sogenannten »Bandfenster« reichen von Wand zu Wand und wiederholen sich auf jedem Stockwerk durch ein weiteres Fenster direkt unterhalb der Kragplatte (der Balkone). Dieses weitere Fenster soll während der kalten Jahreszeit eine besonders vorteilhafte Lüftung von oben garantieren; außerdem scheinen dadurch die Kragplatten zu schweben. Die Seitenfronten bilden formal eine horizontale Struktur, die sich im Zentrum der vorkragenden Körper sammelt oder verbindet (Abb. 152).
Das Erdgeschoß ist großzügig gelöst. Die Durchsichtigkeit der Schaufenster und des oberen Bandes aus Glasbausteinen vermittelt den Eindruck der vollständigen Öffnung.

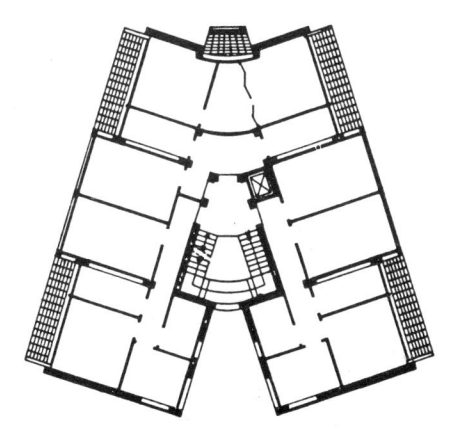

Abb. 154    Haus Lavezzari, Regelgeschoß

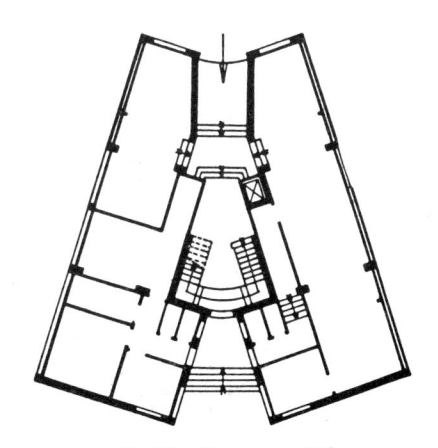

Abb. 155    Eingangsgeschoß

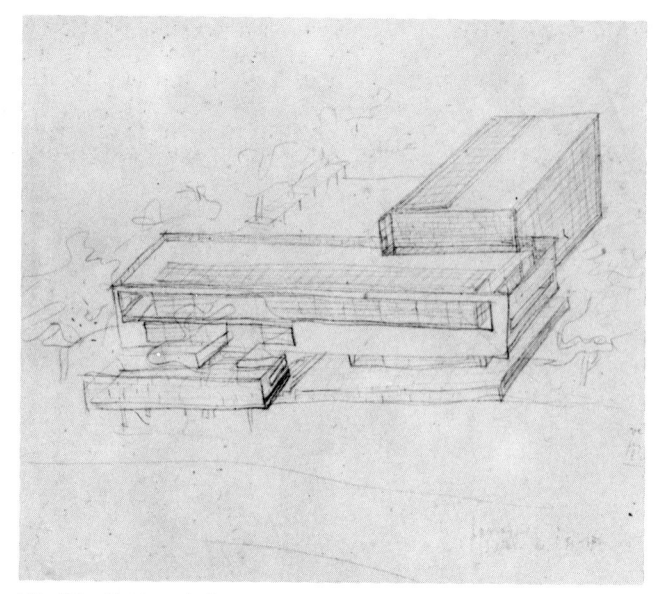

Abb. 156 Wettbewerb für eine Bibliothek in Lugano, G. Terragni mit P. Lingeri (1937), Zusammenspiel der Volumina

## Die Verzahnung

Beliebtes Kompositionselement Terragnis war auch die Verzahnung von Volumina, wie er sie z. B. bei der Biblioteca Cantonale in Lugano anwendete.

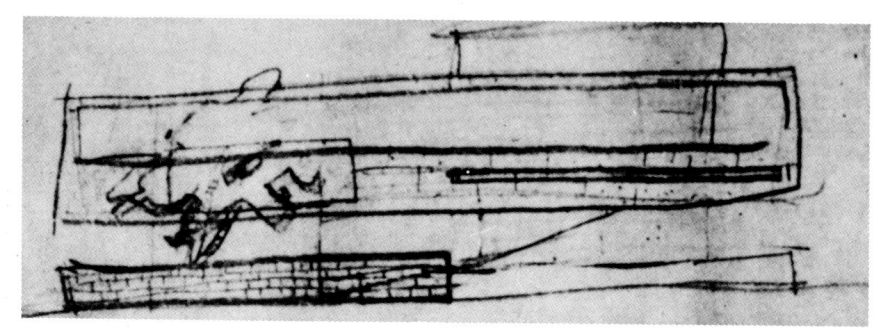

Abb. 157 Skizze der Hauptansicht

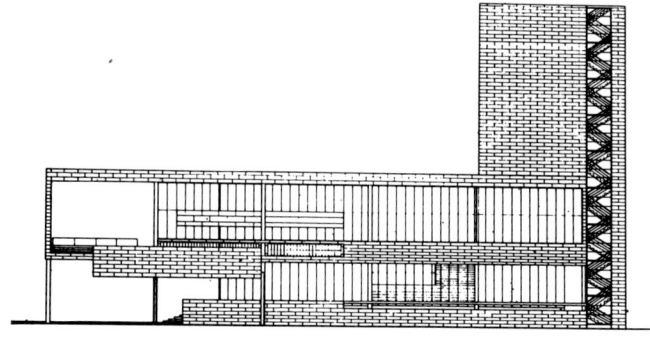

Abb. 158 Nordansicht

Die Werkzeugsfabrik Fumagalli stellt einen Entwurf nach typischer rationalistischer Matrix dar. Auffällig entwickelt sich hier die Gebäudehöhe von Werkstätte und Bürotrakt, die sich stark differenziert und somit ein Hauptmerkmal der Architektur Terragnis aufweist: große und kleine Baumassen, die voneinander getrennt bzw. einander sehr nahe stehen und lediglich durch zarte Teile miteinander verbunden sind. Diese Verbindungsteile neoplastischer Art stärken den Gesamteindruck, indem sie den stereometrischen Blöcken mehr Gleichgewicht verleihen.

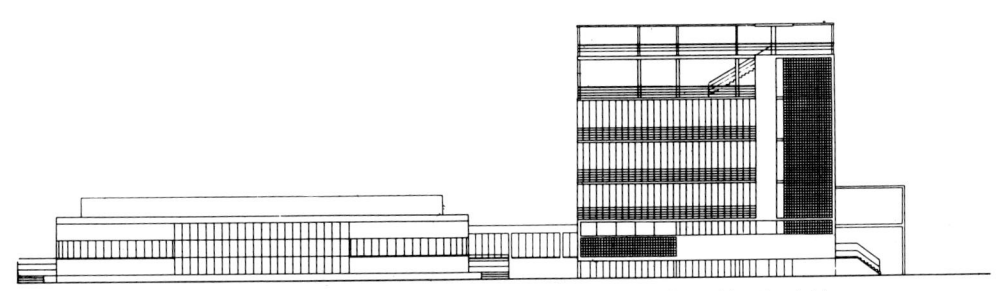

Abb. 159   Werkzeugfabrik Tavolazzi & Fumagalli, Missaglia, Como, Hauptansicht

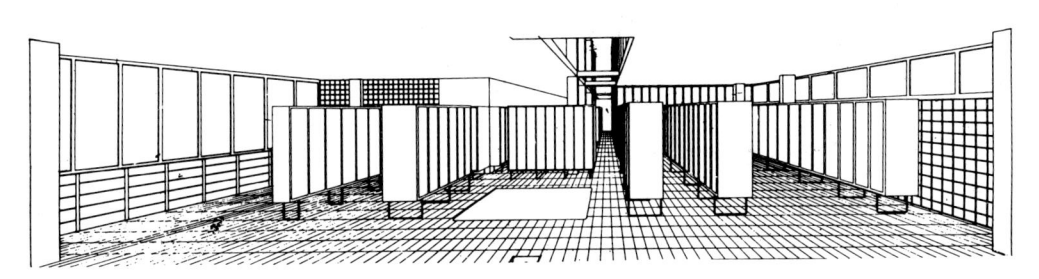

Abb. 160   Innenperspektive

## Komposition und Vertikalität

Bei anderen Projekten liebte er die »spielerische« Komposition genau ausgewogener horizontaler und vertikaler Elemente.

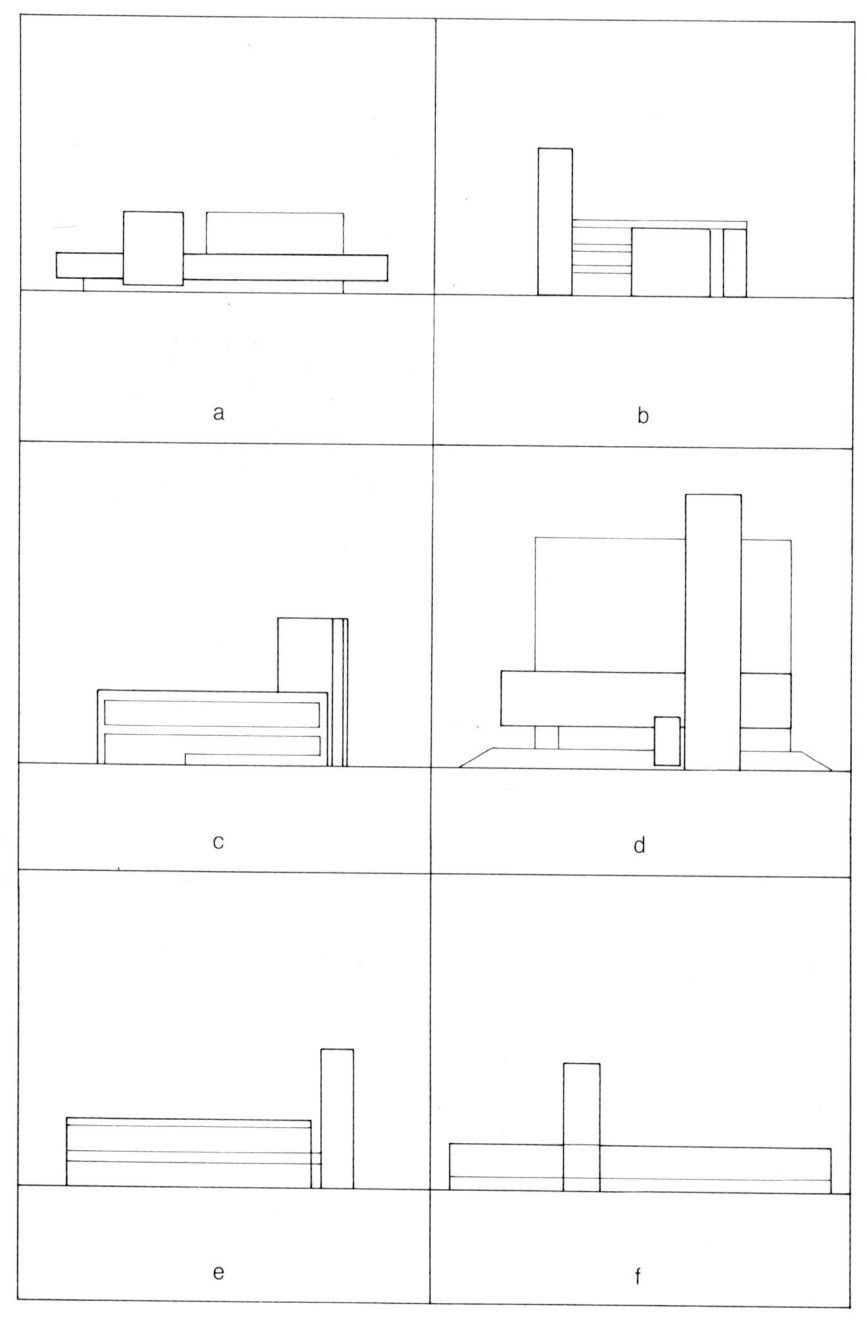

Abb. 161  Kompositionsstudien mit horizontalen und vertikalen Elementen
a) Akademie von Brera (1934)
b) Haus Rustici-Comolli (1935)
c) Bibliothek in Lugano (1936)
d) Palazzo Littorio (1937)
e) Casa del Fascio, Lissone (1938)
f) »Cortesella«, Como (1940)

Eine vergleichende Betrachtung seiner Fassaden zeigt jedoch deutlich, daß er das Schwergewicht auf das vertikale Element legt.

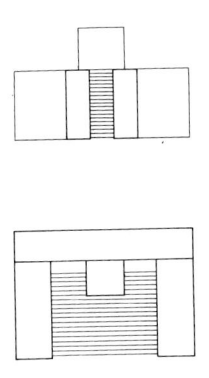

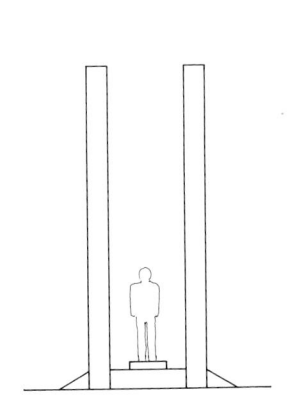

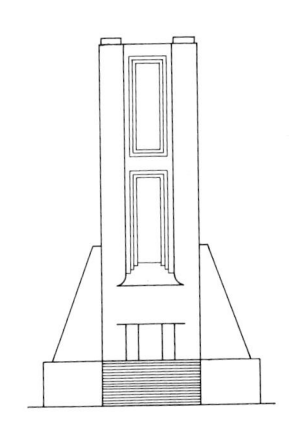

Abb. 162  Roberto-Scarfatti-Denkmal (1935)
Gefallenendenkmal, Como, Alternativprojekt von Terragni (1931)
Gefallenendenkmal, Como, realisiert nach Vorlagen von Sant' Elia (1931—1933)

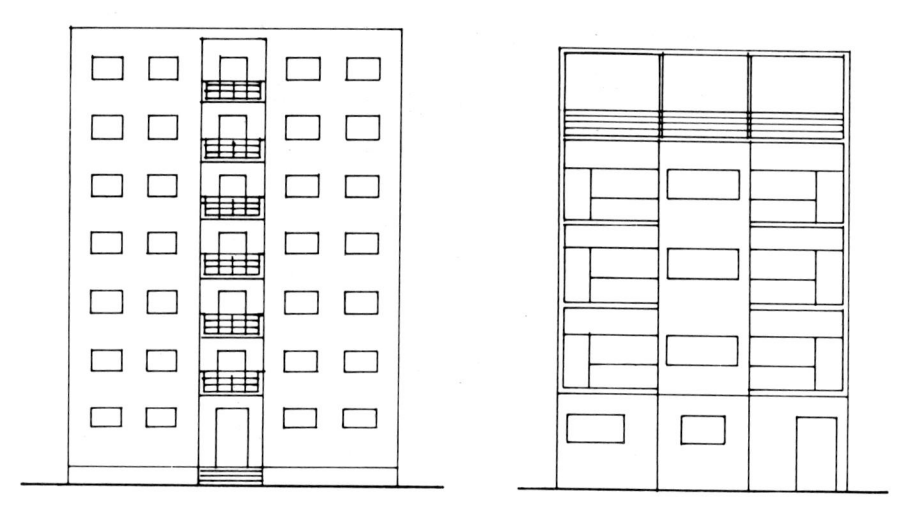

Abb. 163   Haus Rustici-Comolli, Mailand

Abb. 164   Haus Toninello, Mailand

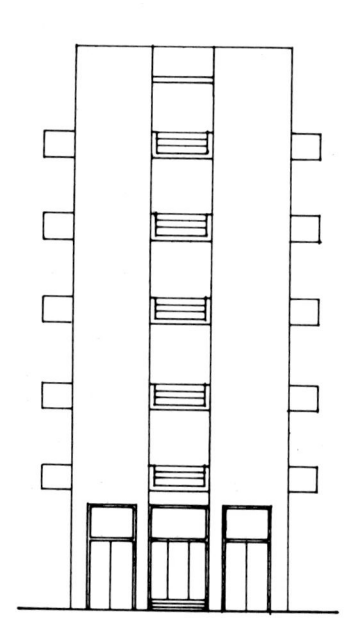

Abb. 165   Haus Lavezzari, Mailand

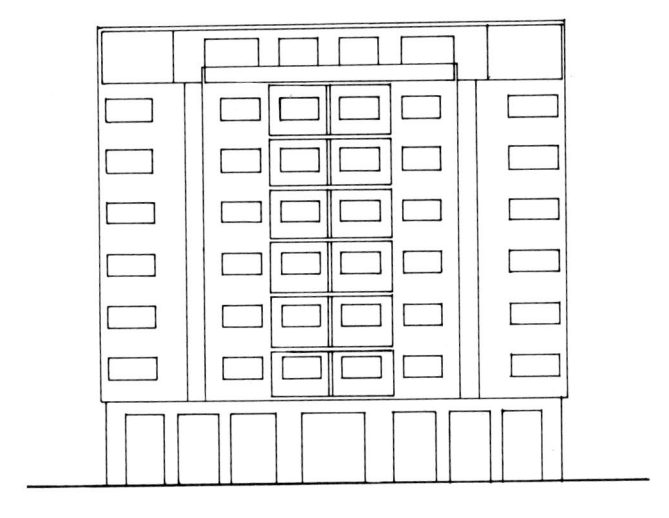

Abb. 166   Haus Ghiringhelli, Mailand

Die fünf in Mailand realisierten Häuser stellten für Terragni fünf verschiedene städtebauliche Aufgaben dar.
So wurde er beim Haus Toninello mit einer Baulückenverbauung konfrontiert, während das Haus Ghiringhelli den Aufschluß eines Häuserblocks mit Bezug auf eine größere städtebauliche Achse bildet. Das Haus Rustici wiederum ist einerseits der Kopfbau einer Blockrandbebauung, andererseits die Schließung einer kontinuierlichen Bebauung längs des Corso Sempione.
Das Haus Lavezzari ist das einzige, das dem von Terragni geplanten Gesamtkonzept einer sternförmigen Platzverbauung angehörte und auch ausgeführt wurde; das Haus Rustici-Comolli schließlich ist eine Eckbebauung.

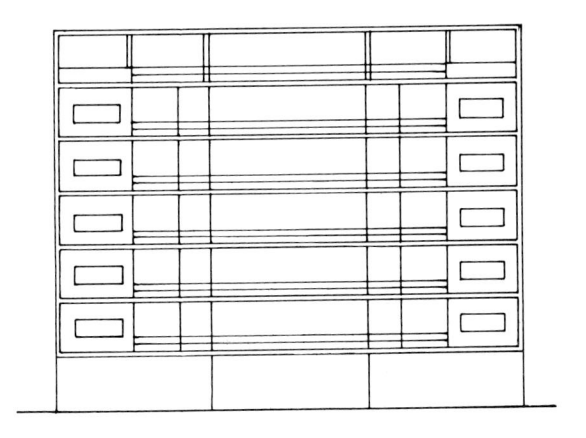

Abb. 167   Haus Rustici, Mailand

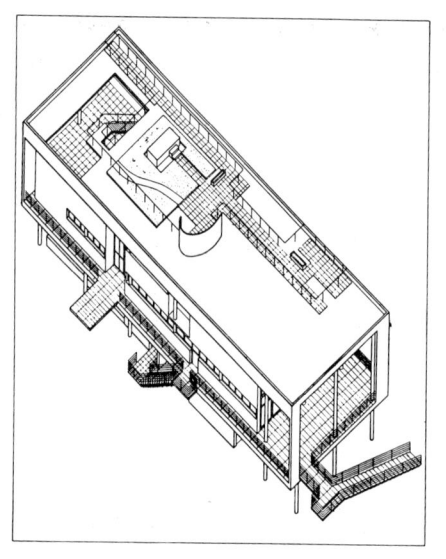

Abb. 168   Projekt für ein Haus am See, G. Terragni (1936)

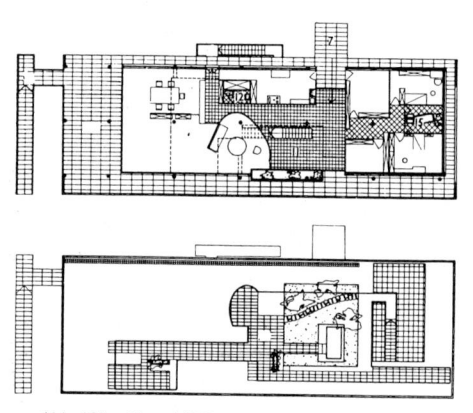

Abb. 169   Grundriß Erdgeschoß und Dachgarten

## 1936: Projekt für ein Haus am See

Das »Haus am See für den Künstler« ist als »Haus im Haus« konzipiert. So wird auf originelle Weise das Problem der Trennung von privater und öffentlicher Sphäre gelöst: Der private Bereich liegt im Inneren, man kann ihn fast gänzlich umrunden. Durch diese Lösung unterscheidet sich Terragni übrigens wesentlich von Le Corbusier.

Starke Bezüge zu den Gemälden der abstrakten Maler aus Como lassen Terragnis Grundrisse erkennen. Er liebte deren Konstruktionsprinzipien, weshalb er auch Mario Radice, wie schon erwähnt, mit der Gestaltung einer Reliefwand in der Casa del Fascio beauftragte.

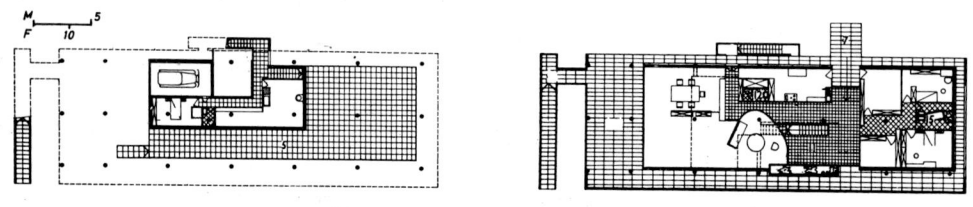

Abb. 170   Grundriß 1. u. 2. Obergeschoß

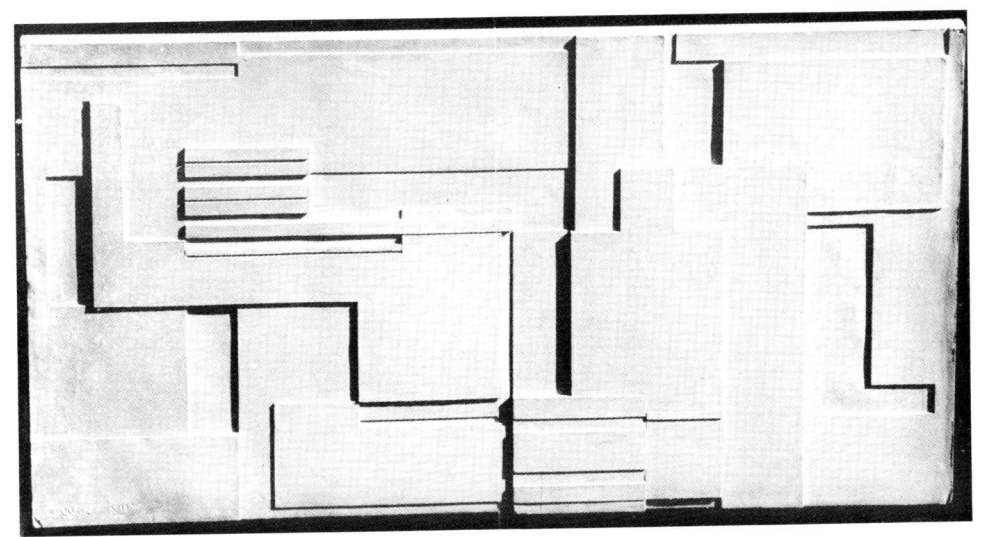

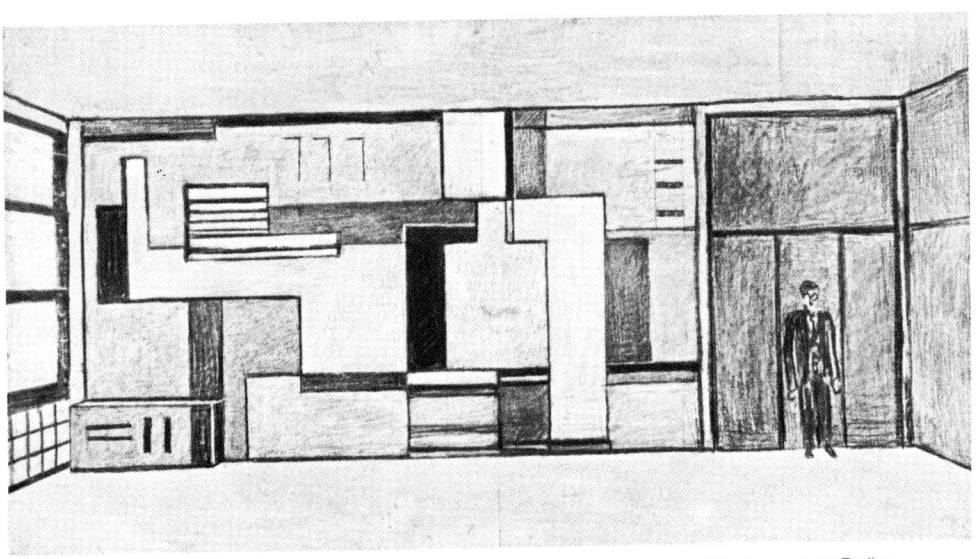

Abb. 171  »Composizione per la Casa del Fascio«, M. Radice (1932—1934)

Abb. 172  Casa del Fascio, Versammlungsraum im 1. Obergeschoß mit dem Wandpaneel von Radice

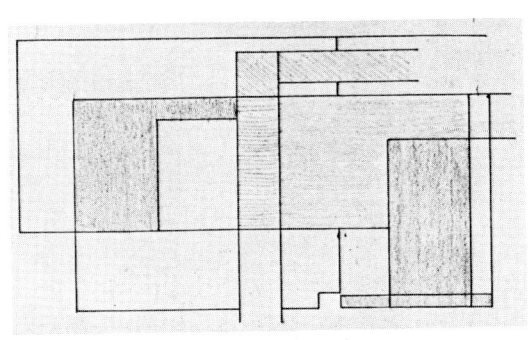

Abb. 173  Villa Bianca, Schemadarstellung des Grundrisses

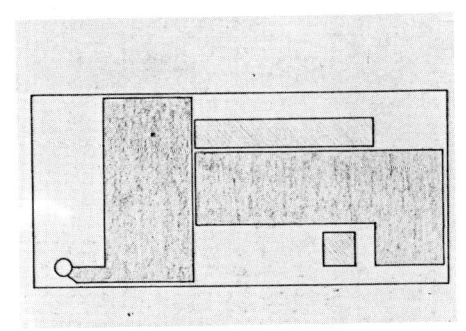

Abb. 174  Haus eines Blumenzüchters, Schemadarstellung des Grundrisses

»Mit der wunderbaren axonometrischen Zeichnung erreicht Terragni ein wesentliches Ziel der modernen Forschung: die Entwertung der dreidimensionalen Raumhülle. Die prismatische Hülle wird hier tatsächlich attackiert und folglich von oben, von unten und an den vier Seiten bezwungen. Die vorliegende Abbildung zeigt nicht eine einzige geschlossene Ecke. Die Wände werden zu einfachen Platten, unfähig, eine Drehung um neunzig Grad zu vollführen.« (Zevi)
Die eigentliche Fassade, welche die Bedeutung trägt, liegt hinter der scheinbaren; sie hat Tiefe, ist differenziert und asymmetrisch gestaltet.
Obwohl die realisierte Villa die projektierte Aussage ziemlich stark abschwächt, kann sie die Botschaft dennoch nicht verfälschen. Den Beweis dafür liefern die Pilotis, die Bandfenster, die an der Trappenfront und an einer der Seitenwände vorkragenden Felder.
Trotzdem wird die Raumhülle wieder zusammengesetzt, und die Ecken sind wieder eindeutig; in extremis wird auf die Umrahmung zurückgegriffen, jedoch nicht mit der Konsequenz, die beim Bau der Villa Bianca zum Ausdruck kommt.

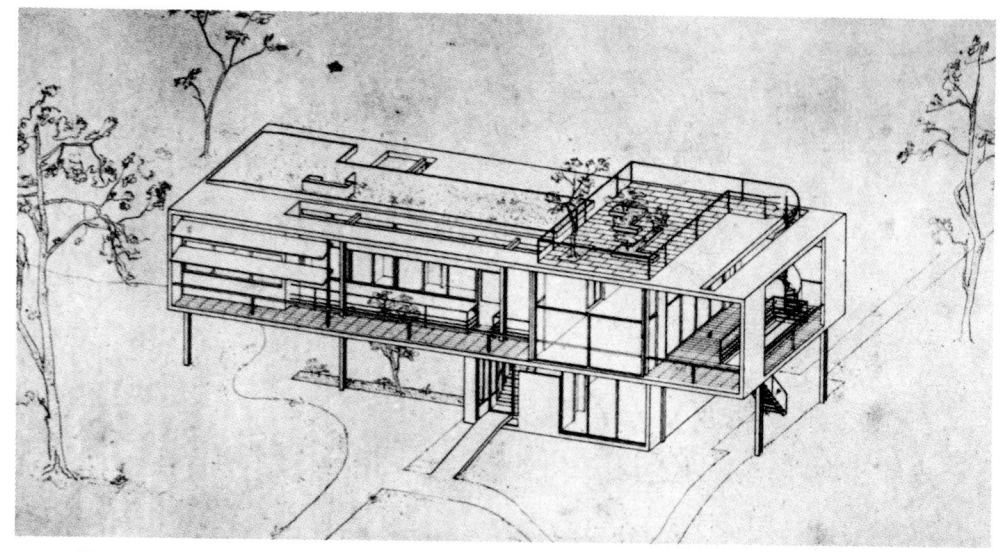

Abb. 175   Haus eines Blumenzüchters in Rebbio (Como), G. Terragni (1936—37), axonometrische Darstellung

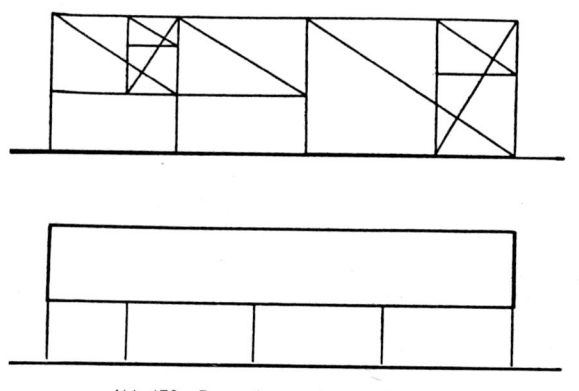

Abb. 176   Proportionsanalyse der Fassade

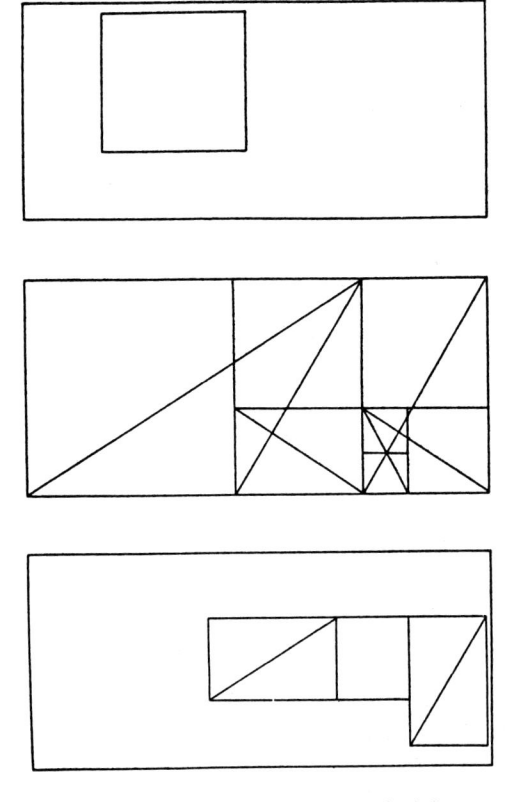

Abb. 177   Proportionsanalyse der Grundrißaufteilung

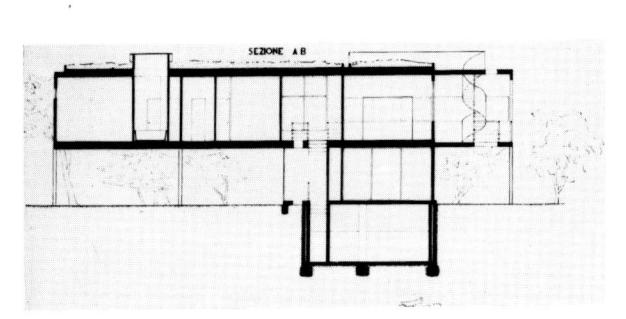

Abb. 178   Längsschnitt

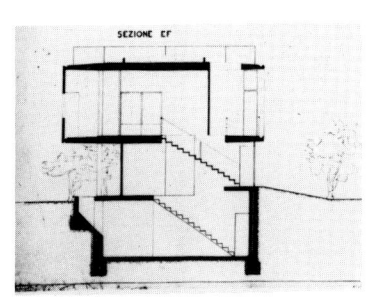

Abb. 180   Querschnitt

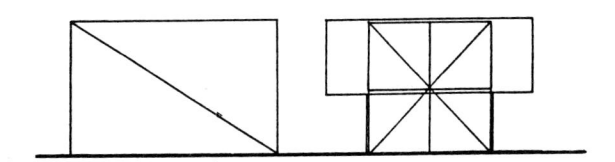

Abb. 179   Proportionsspiel des Querschnitts: Ein Rechteck im Goldenen Schnitt wird in Quadrate unterteilt (Körper und Auskragungen)

Abb. 181   Composizione C. F. 123, M. Radice (1932—1934)

## Das Gleiten

Sowohl bei der Lösung von Grundrissen als auch von Fassaden arbeitet Terragni manchmal nach dem »Prinzip des Gleitens«, wie es sein Freund Mario Radice in einigen Gemälden vertrat (Abb. 181).
Der als Differenz zweier gleitender Rechtecke deutbare Restgrundriß dient Terragni als Auflage für Erschließungselemente (wie Treppen, Wege etc.).

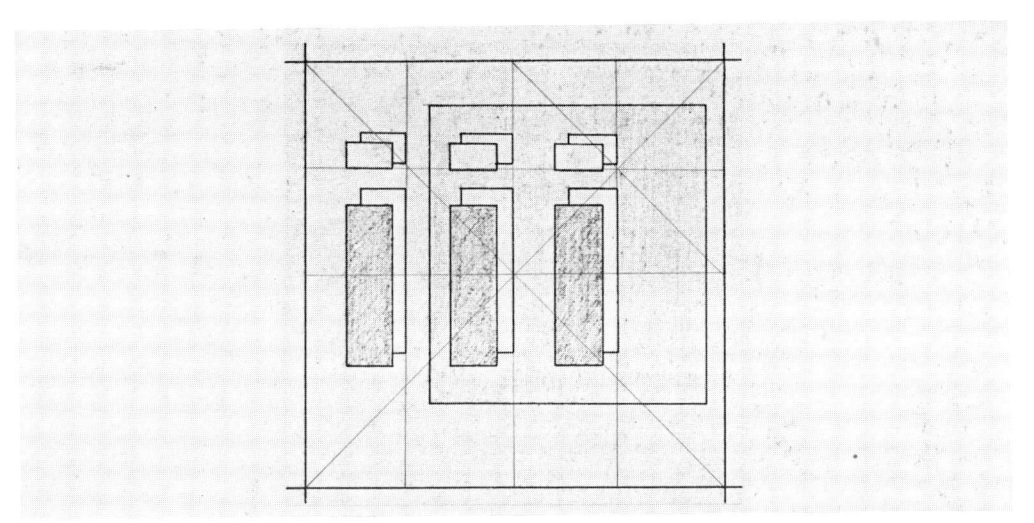

Abb. 182  Bildanalyse; das Gleiten und die quadratische Aufteilung

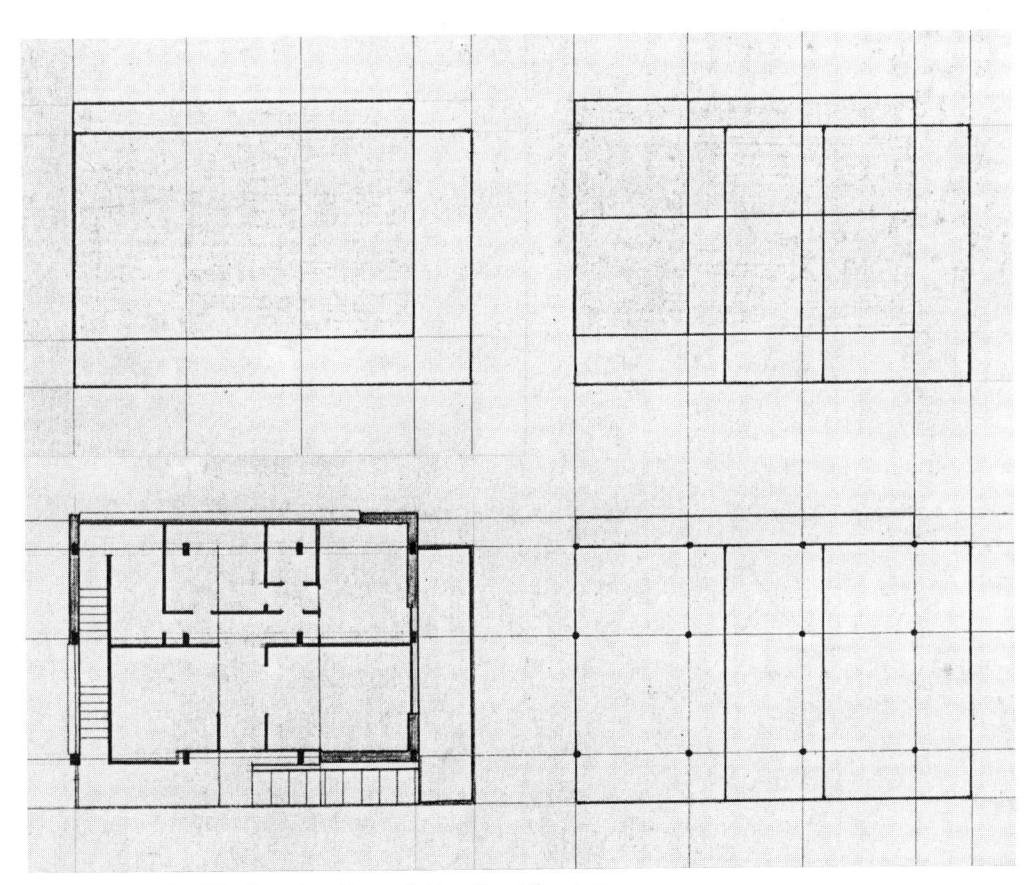

Abb. 183  Haus eines Blumenzüchters, Grundrißanalyse
a) das Gleiten zweier Rechtecke
b) die Aufteilung in quadratische Flächen
c) Grundrißorganisation: durch das Gleiten zweier Rechtecke wird die Randzone als Erschlie-ßungszone verwendet
d) das Einbringen des Konstruktionsrasters

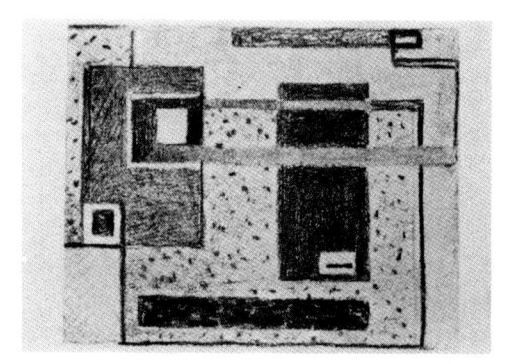

Abb. 184  Composizione CFS, M. Radice (1934)

Abb. 185  Haus eines Blumenzüchters, Entwurfskizze

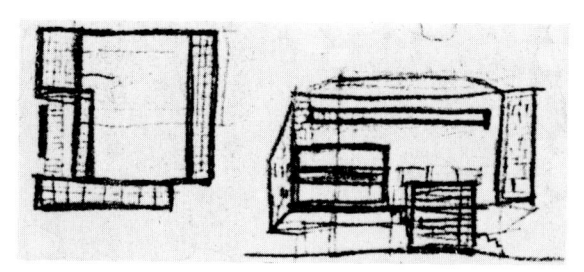

Abb. 186  Ansicht (starke Beeinflussung durch das Bild von Radice)

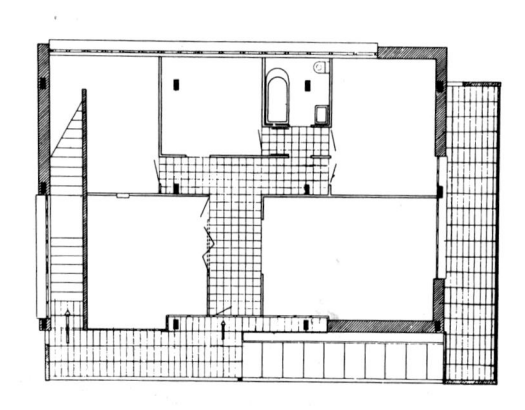

Abb. 187  Grundriß 1. Obergeschoß

80

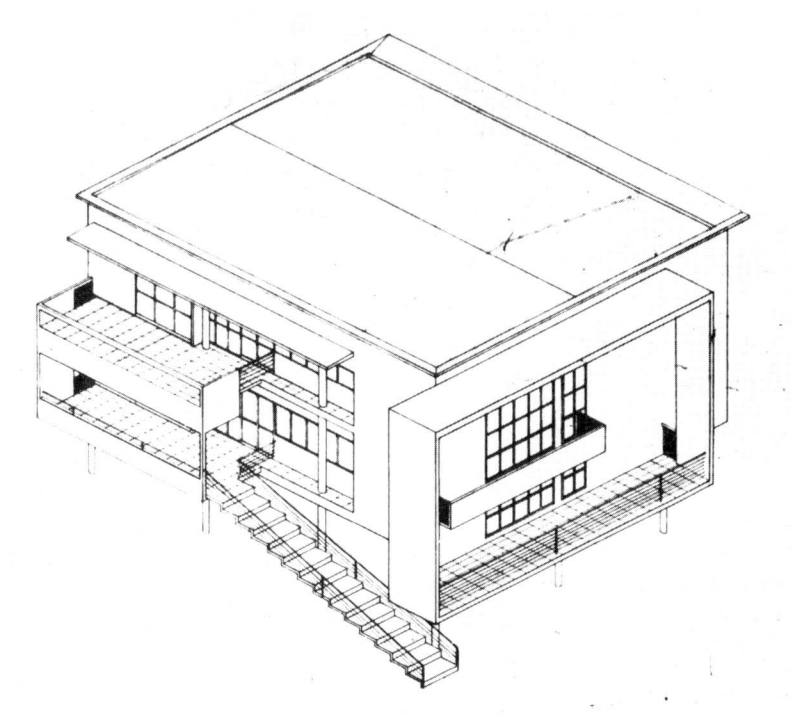

Abb. 188    Axonometrie, G. Terragni (1935)

Abb. 189    heutiger Zustand

Abb. 190   Stilleben, Giorgio Morandi (1929)

Während De Chirico den Kontext auflöst, indem er den Raum mit denselben Konditionen des Objekts konnotiert, betrachtet Carrà den Kontrast als eine logische Absurdität des Realen. Morandi aber, der den Hintergrund einfach auf null reduziert und die Gegenstände sowie ihre plastischen, volumetrischen und formalen Beziehungen in den Vordergrund rückt, beschreibt die Wirklichkeit bar jeglicher Übertreibung. Ebenso wie Terragni sucht auch Morandi nach einer Realität. keineswegs aber nach jener der Sinnesempfindungen, sondern vielmehr nach ihrer intellektuellen Umsetzung. Diesen Prozeß formuliert er als Summe, als Annäherung, als Subtraktion zwischen einfachen geometrischen Formen: Kugel, Kegel, Würfel, Zylinder, wobei er eine Komplexität gewinnt, deren Ergebnis nicht aus der Quantität und Qualität der verwendeten Elemente, sondern aus dem Umfang der durchgeführten (mathematischen und geometrischen) Operationen resultiert.

Wenngleich die Gruppe »Valori Plastici« die Suche nach einem formalen Purismus zum gemeinsamen Ziel hatte, der sich an den klassischen Werten und an der Vereinfachung der Formen orientierte, war es vor allem Morandi, der die räumlichen Beziehungen zwischen den Dingen überaus genau untersuchte. Vor diesem Hintergrund gelang ihm das Ausreifen einer Forschung mit starker Betonung der architektonischen Werte. Terragni bekannte sich nie zur Reduktion der urbanen Szene auf die ästhetische Ebene, so wie dies von De Chirico und den Architekten des »Novecento« proponiert wurde. Sein besonderes Interesse galt dem Bereich der Konzepte und Ideen, wo er zum einen die Erfahrung Morandis und zum anderen die abstrakten Versuche der Gruppe aus Como als seine Grenzen absteckte, in deren Rahmen er seine individuellen Raumstudien fortführte. Gerade seine letzten Projekte zeigen, daß sich seine Entwicklungsarbeit zunehmend auf das Thema der Modernität und auf die oft unvoreingenommene Verwendung neuer Materialaien und Technologien konzentrierte. Diese eigenständige Gesinnung entfernte ihn auf entscheidende Weise vom Schauplatz der nationalen Wirklichkeit, die schon an der Schwelle zu einem Krieg die fortschrittsfeindliche Wende des autarken Regimes erlebte.

Man kann bei diesen Arbeiten von »Projekten in hypothetischer Form« sprechen, ging es ihm doch nicht mehr um die Realisierbarkeit seiner Architekturen, sondern nur noch um den äußersten theoretischen Versuch: nämlich mit neuen Lösungen zu experimentieren und neue Ideen zu verankern. Noch einmal also isoliert sich Terragni in seiner persönlichen, extremen Position, ohne Kompromißbereitschaft gegenüber privaten Auftraggebern und dem faschistischen Regime als Bauherr. Dies ist ein Beweis mehr, daß sämtliche Planungsüberlegungen nur einem Grundgedanken untergeordnet, daß die Objektive seiner Forschungsinhalte einzig und allein auf die Komposition einer qualitätsvollen Architektur gerichtet waren.

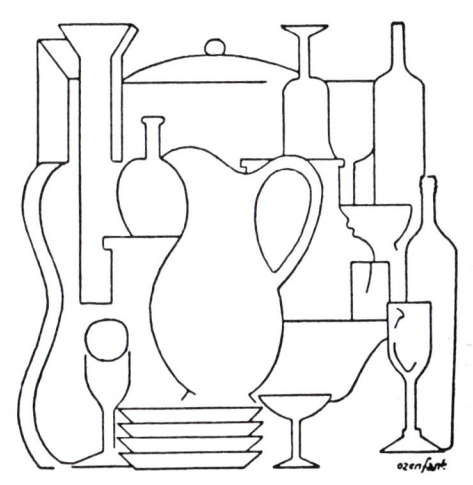

Abb. 191  Puristische Komposition, Ozenfant (1925)

Durch die Wiederentdeckung der »Primitiven« Giotto, Masaccio und Piero della Francesca zeigte die Suche eines Carrà und eines Sironi Tendenzen der Wiederbelebung und -definition eines neuen Archaismus, einer Kunst der archaischen Vereinfachung.[31] Terragni hingegen verkündete die »Wiedergeburt einer neuen archaischen Epoche in der Geschichte der Architektur.« Carrà war stets bemüht, nach Wegen der Versöhnung zwischen einer neuen Zeichensprache und den Wurzeln der italienischen Malertradition zu suchen; im Anschluß an die metaphysische Periode ging es ihm um die Definition eines primitiven Klassizismus, auf dem ein neues Bild und eine neue Ästhetik konstruiert werden konnten. Terragni dagegen schlug eine Richtung ein, die zu einem wahren Klassizismus führte, welcher in der Reinheit, dem Absoluten, den Proportionen, der Mathematik, im griechischen Geist wurzelte.

Abb. 192  »Dopo il tramonto«, Carlo Carrà (1927)

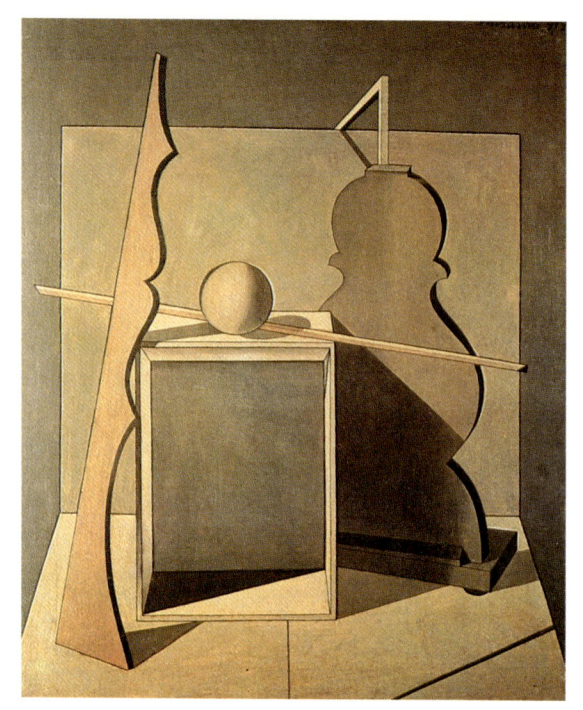

Abb. 193   »Natura morta« (Stilleben), G. Morandi (1919)

# Die Umrahmung

Die »Umrahmung«, wie Giorgio Morandi sie malt (Abb. 193), verwendet Terragni oft als typisches Fassadenelement. Wir erinnern diesbezüglich an die Häuser Ghiringhelli, Toninello, Rustici, das Haus für einen Blumenzüchter, das Asilo Sant' Elia und vor allem an die Villa Bianca in Seveso. Damit machte er Schule, wie Bauten Cattaneos, Figinis und Pollinis, Eisenmanns und Franco Purinis zeigen. (S. 144—150)

Abb. 194   Haus eines Blumenzüchters; die Umrahmung

Abb. 195   Detail, die Umrahmungen

Abb. 196  Villa Bianca, Seveso (Mailand), Vorentwurfsskizze

## Terragni und »De Stijl«

Es war sicherlich kein Zufall, daß Terragni bei der Planung der Villa Bianca in Seveso eine neoplastische Baugesinnung vertrat.
Er ging von einem regelmäßigen Würfel aus, den er nach außen hin durch horizontale Dachplattenelemente verbreiterte, fast als wollte er die Forderung einer neuen Beziehung zwischen Bauwerk und Umwelt aufstellen.
Der Neoplastizismus war die einzige europäische Strömung, bei der man nach einer exakten Ausarbeitung der Entwurfsmethodik strebte. Als Grundprinzip galt ihm die Zerlegung der Bauhülle in freie Grundrisse und ihre Wiederzusammensetzung im Schlüssel der sogenannten »vierten Dimension« (Zevi).
Durch den Neoplastizismus wurden nun endlich auch die Dreidimensionalität des perspektivischen Raumkonzepts der Renaissance beseitigt, ferner die Hülle zerstört und die geschlossene Form gesprengt. Im Sinne Mondrians führte dies zu einer folgerichtigen Symbiose zwischen Innen und Außen.
Nicht minder bedeutungsvoll erscheint folgende Tatsache: Nach Fertigstellung des Gebäudes zeichnete Terragni nochmals den Plan und korrigierte ihn, sodaß nach dem Ausradieren der eingezeichneten Ecklösungen die Wände nur wie zweidimensionale Platten wirkten. Übrigens verbesserte auch Palladio seine bereits realisierten Werke im Zuge der Publikation.)

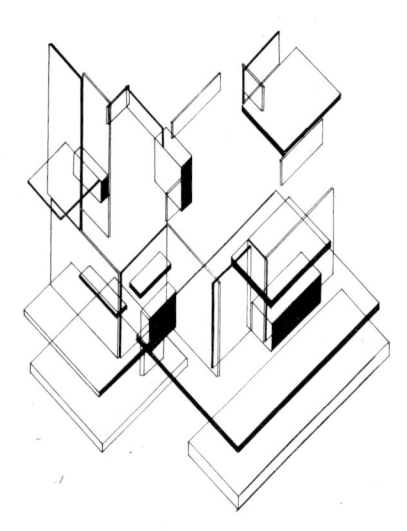

Abb. 197  Maison Particulière, C. van Eesteren und Th. van Doesburg (1923), »Kontra-Konstruktion« in axonometrischer Darstellung

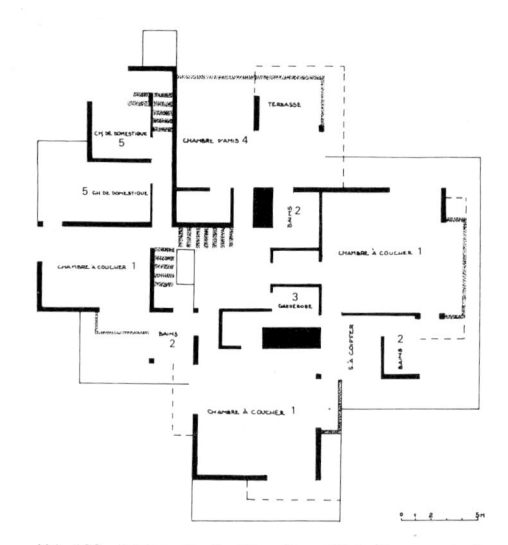

Abb. 198  Maison Particulière, Grundriß 1. Obergeschoß

Abb. 199—202  Villa Bianca, G. Terragni (1936)
Grundriß EG
Grundriß 1. OG
Grundriß 2. OG
Grundriß DG (Terrasse) (S. 87)

87

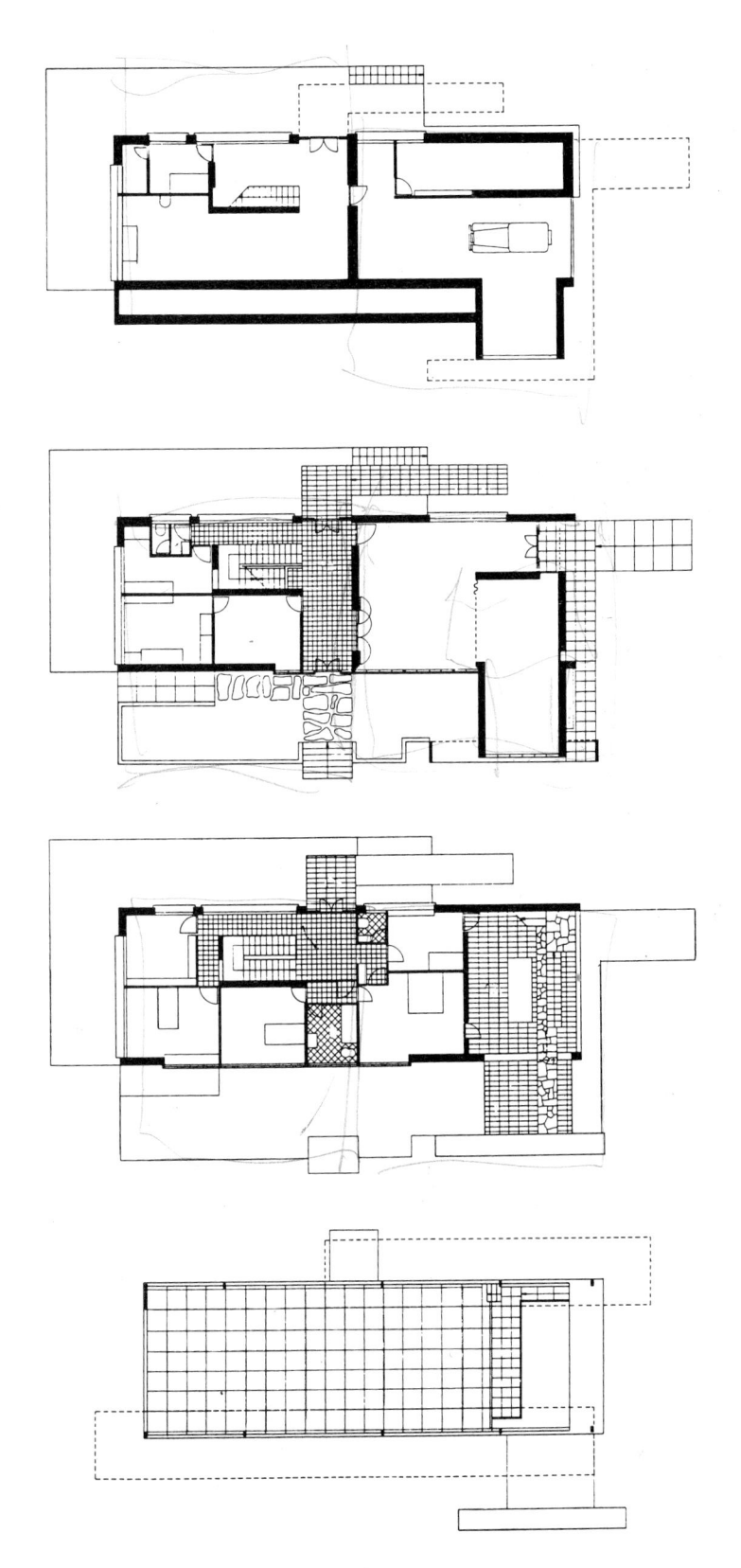

Abb. 203   Villa Bianca, heutiger Zustand

## 1936/37: Villa Bianca

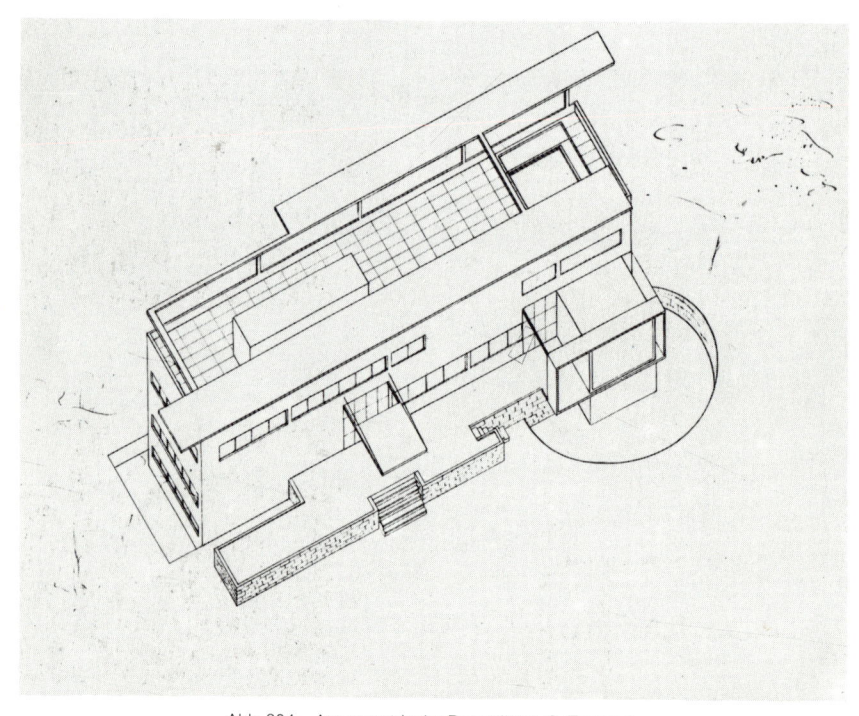

Abb. 204   Axonometrische Darstellung, G. Terragni

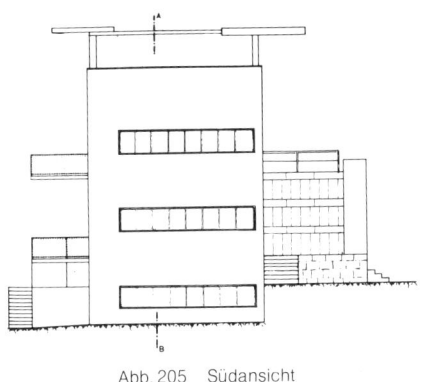

Abb. 205  Südansicht

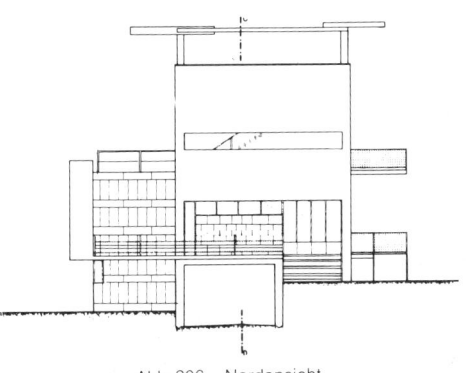

Abb. 206  Nordansicht

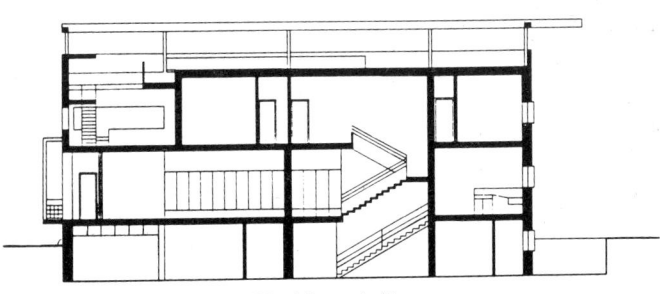

Abb. 207  Längsschnitt

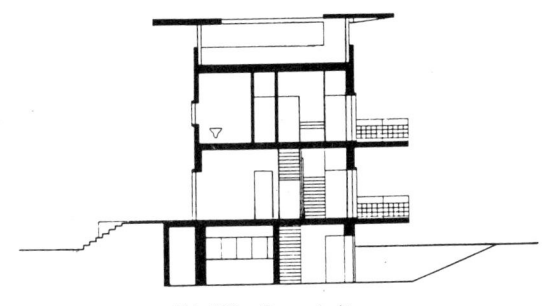

Abb. 208  Querschnitt a

Abb. 209  Teilansicht Gartenseite

Abb. 210  Querschnitt b

Abb. 211  Teilansicht Gartenseite

Abb. 212   Villa Bianca (1936), Detailstudie der Umrahmung in der Hauptfassade

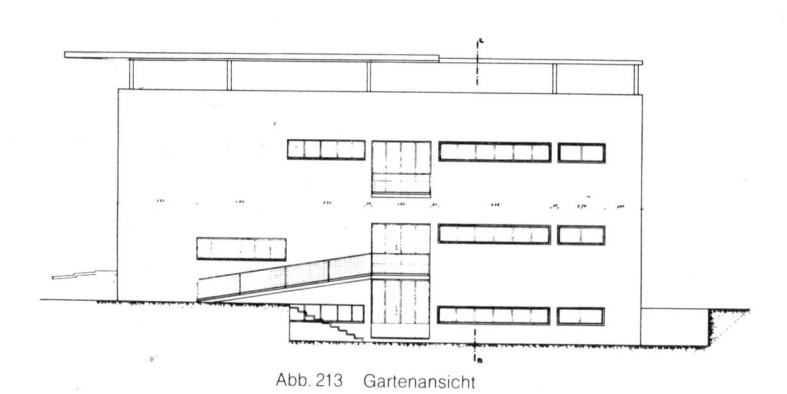

Abb. 213   Gartenansicht

Abb. 214   Hauptansicht

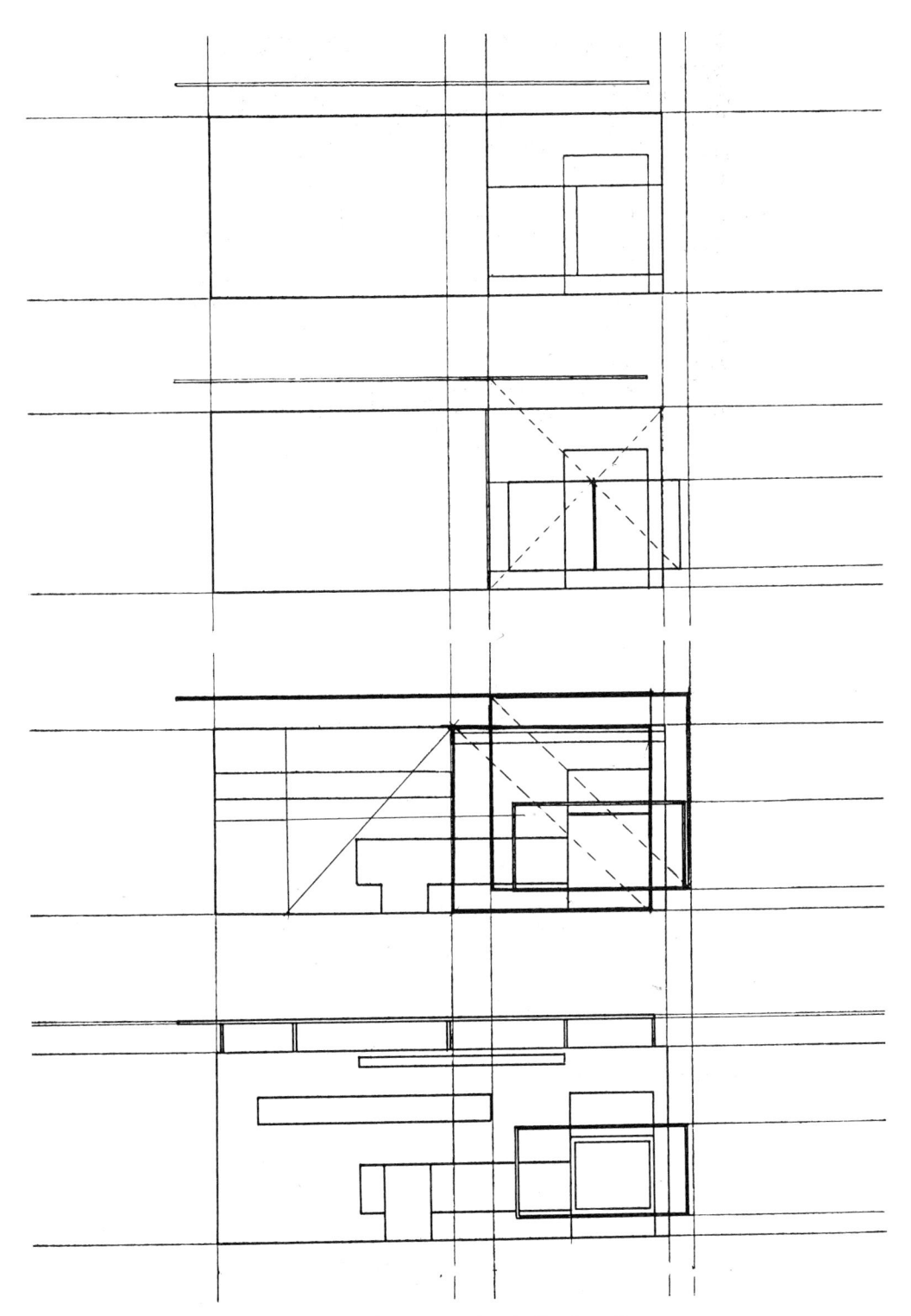

Abb. 215　Gestaltungsanalyse der Hauptfassade

Abb. 216   Casa del Fascio, G. Terragni (1932—1936), Variante mit Turm

## Das Rahmengerüst

»Bei der Casa del Fascio (1932/36) wird das Diaphragma (die Trennwand) auch als strukturelles Rahmengerüst verwendet. Sein Einsatz beim »Danteum« und bei anderen Gebäuden Terragnis bildet eines der charkteristischen Unterscheidungsmerkmale des italienischen Rationalismus. Für Terragni (und die Rationalisten) entspricht die Konzeption des Rahmengerüsts keinesfalls der Auffassung, welche von Le Corbusier, Mies van der Rohe oder anderen Anhängern der »Skelettbauweise« vertreten wurde.«[32]

Diese Art, sich eines Rahmengerüsts zu bedienen, entspricht einer repräsentativen (oder rhetorischen) Zweckverfolgung, übertragen auf ein Element, das zum gemeinsamen architektonischen Nenner wird, wobei man sich auf anti-hierarchische und anti-strukturelle Weise auf syntaktische Systeme antiker Architekturformen beruft.

Abb. 217   Danteum, G. Terragni mit P. Lingeri (1938), das Rahmengerüst läuft parallel zur Hoffassade

Die strukturelle Umwälzung offenbart die Rhetorik, und der historische Bezug ist klarerweise auf das 15. und 16. Jahrhundert gerichtet. Während dieser Epoche hatte die Entwicklung des Rahmens, dem die Aufgabe der Fassadenordnung zufiel, mit den Werken von Alberti, Sangallo und vor allem Vignola ihren Höhepunkt erreicht. Terragni liebte diese Stilepoche. Seine Neigung, die geometrische Ordnung mit dem rationalen Prozeß zu identifizieren, gipfelt in der Verwendung des Rahmens – größtenteils seiner strukturellen Eigenschaften beraubt – als abstraktes Ordnungsmittel.

Terragnis Rahmengerüst ist somit zu einem modernen, durch die Geschichte gerechtfertigten Konstruktionsmittel geworden, das im Gegensatz zu einem funktionalen Mittel steht, welches sich durch seine Modernität rechtfertigen muß.

Abb. 218   Akademie von Brera, Hauptansicht mit Rahmengerüst

Abb. 219   Palazzo Farnese, Rom, Schnitt nach einer Rekonstruktion von Sangallo dem Jüngeren

Abb. 220   Palazzo Farnese, Hofansicht

In seinem Aufsatz über die Säule bei Alberti schreibt Paul von Naredi-Rainer: »[Im Gegensatz zur Fassade von S. Maria Novella] verschmilzt die Pilasterordnung an der Fassade des Palazzo Rucellai völlig mit der Wand. Konnte man an der Fassade von S. Maria Novella die Pilaster des Obergeschosses durch die Identität der Inkrustration mit den Eckpfeilern des Untergeschosses noch als in der Wand steckende Pfeiler erahnen — wenngleich durchaus der oben festgestellte Eindruck des Rahmens, die Fläche Gliederns vorherrscht –, so ist dies an der Fassade des Palazzo Rucellai völlig unmöglich: Die Pilaster sind hier nicht mehr Reste von Pfeilern, sondern beinahe nur mehr deren Umrißzeichnungen, nur durch scharf gezeichnete Fugen von der übrigen Wand getrennt. Aus dem tektonischen Aufeinanderbezogensein der einzelnen Architekturglieder ist eine reine Flächenordnung geworden, aus der sich kein Glied mehr durch die Verwendung eines bevorzugten Materials hervorhebt«[33].

Gestützt auf Albertis Aussagen in seinem Architekturtraktat, schlage ich eine ganz andere ›Lesart‹ der Fassade des Palazzo Rucellai (Abb. 221) vor: Ich interpretiere die Hausteinverkleidung als stilisierten Ständerbau mit Quaderausfachung. Schon immer hat man gesehen, daß es sich beim diagonalen Ritzmuster des Sockels um nichts anderes als um die Darstellung oder besser Stilisierung, Konventionalisierung des römischen opus reticulatum handelt. In Wirklichkeit besteht es aus großen Quadern[34]. Und so müssen wir fortan stets zwischen Zeichen und Bezeichnetem unterscheiden. Bleiben wir beim Netzmauerwerk. Seine Anwendung am Sockel scheint im Widerspruch zu Albertis Empfehlung zu stehen, den Sockel mit »sehr großen und sehr harten Quadersteinen« zu verkleiden. Nur wenn wir es als Ausfachung zwischen den Säulenstühlen (›muruli‹!) betrachten, löst sich der Widerspruch. Bautechnisch gesehen besteht die Sockelzone des Palazzo Rucellai aus größeren Blöcken als die ganze übrige Fassade. Um den Gegensatz zwischen den hölzern gedachten Ständern, ›columnae quadrangulae‹ oder Pilastern und der Ausfachung herauszuarbeiten, gibt Alberti die Pilasterflächen glatt, während er in der Ausfachung das Fugennetz betont; er wählt deshalb Spiegelquader. Dabei ist er darauf bedacht, die Fugen mit den Öffnungen in Einklang zu bringen, namentlich die Stoßfugen der Stürze über den ungerahmten Lichtern des Erdgeschosses, die Lagerfugen auf der Höhe der Portalgebälke und die Lagerfugen im Bereich der darüberliegenden Fenster.

Das Rahmenwerk innerhalb der Bogenstellung kehrt jedoch zu Holzbauformen zurück: Freisäule, Wandpilaster, Gebälk, während die Archivoltenprofile der Bogenfelder Holzbau und Steinbau versöhnen.. Zur Anschaulichkeit des Ständerbaumodells trägt auch das Schlußgebälk bei, welches die Dachkonstruktion veranschaulicht. Alberti schreibt über das korinthische Gebälk: »Die Korinther fügten nichts zum Architrav und Sparrenwerk hinzu, außer, falls ich es richtig auslege, daß sie die Sparrenköpfe nicht vorn bedeckt ausführten, noch wie die Dorier vorn lotrecht abschnitten, sondern nackt ließen und nach einer Wellenlinie geformt.« Wir dürfen den Konsolfries unter dem Dachgesims als stilisierte Sparrenkopfreihe lesen.[35]

Abb. 221  Palazzo Rucellai, Leon Battista Alberti, Florenz (1450—1460), Teilansicht

Abb. 222  Palazzo Rucellai

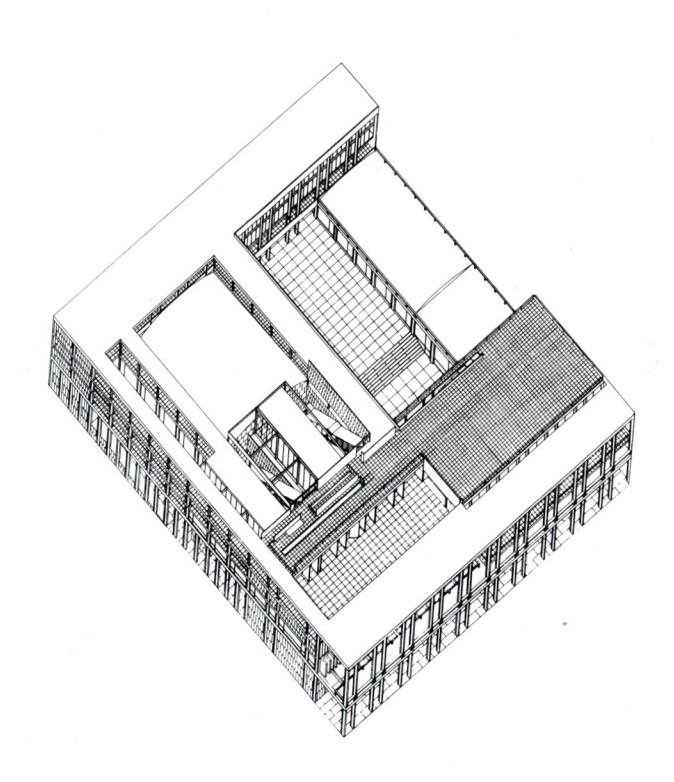

Abb. 223  Kongreßhaus E 42, Rom, G. Terragni, C. Cattaneo, P. Lingeri (1937—38), zweistufiger Wettbewerb

Abb. 224   Erweiterungsbau der Akademie in Brera, Mailand: vorgelagertes Rahmengerüst, G. Terragni, L. Figini, P. Lingeri, L. Mariani, G. Pollini (1935—36)

Abb. 225   Akademie in Brera, Übergang von außen nach innen mittels eines Rahmengerüstes

Abb. 226   Weissenhofsiedlung in Stuttgart, Le Corbusier (1927)

Für Le Corbusier ist das Rahmengerüst die Verkörperung eines Dialogs zwischen einem Konstruktions- und einem Raumgliederungssystem.
Für Mies van der Rohe ist es der Raster einer universalen Hülle, eine Art Netztasche, die den universalen Raum begrenzt, ohne ihn jedoch tatsächlich in sich zu schließen.

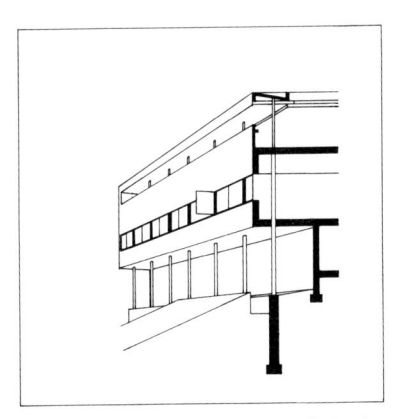

Abb. 227   Weissenhofsiedlung, Le Corbusier

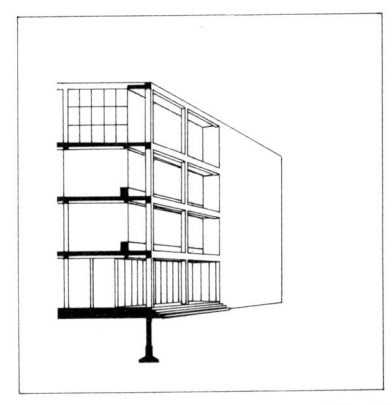

Abb. 228   Casa del Fascio, G. Terragni (1932—1936)

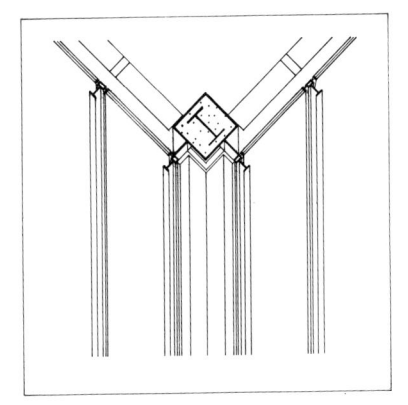

Abb. 229   Seagram Building, Mies van der Rohe, N. Y.

## 1934—37: Haus Rustici Comolli

Das Haus Rustici-Comolli lenkt unsere Aufmerksamkeit direkt auf eine Reihe von »Peripherien«; Randgebiete, die Sironi im Laufe der zwanziger Jahre auf Leinwand gebannt und somit eine urbane Landschaft vorweggenommen hatte, die sich am historischen Stadtrand abzuzeichnen begann. Terragni nimmt die von den Bildern ausgestrahlte Trostlosigkeit und Entfremdung zum Ausgangspunkt seiner Suche nach einer Identität, die er diesen Randbezirken verleihen will. Er tut dies durch die Gestaltung eines Landschaftsbildes, welches sich nicht mehr am antiken Gedankengut, sondern am industriellen Zeitgeist orientiert.

Wenn mit dem Haus Rustici-Comolli versucht wird, dem fortschrittlichen Wachstum der Außenbezirke eine Konnotation zu verleihen, so richtet sich hier das Engagement auf die Vorlage eines unbekannten Modells, das den Wert seines Bildes innerhalb der abstrakten figurativen Welt und in den Möglichkeiten der modernen Bautechnologie sucht.

Abb. 230  Haus Rustici-Comolli, Mailand, Via Cola Montano 1, Via Pepe 32, G. Terragni mit P. Lingeri (1934—1937)

Abb. 231  Haus Rustici-Comolli; die charakteristischen »Terragni-Balkone« als Verbindungselemente

Abb. 232  »Paesaggio urbano«, Mario Sironi

Abb. 233 »Paesaggio urbano«, M. Sironi (1920)

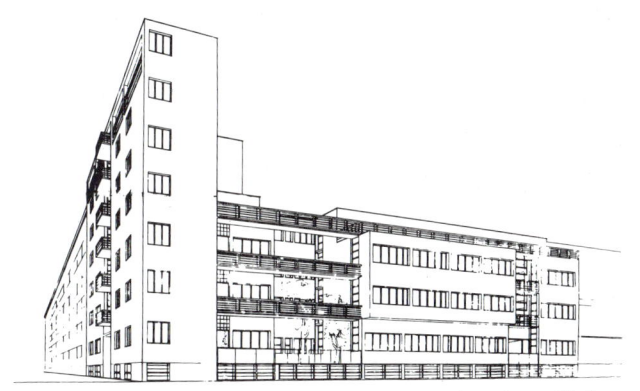

Abb. 234 Haus Rustici-Comolli, Schaubild der 1. Variante (ausgeführt)

Während das eben erwähnte Haus auf ästhetischer Ebene keine Zugeständnisse macht und sich in seiner strengen Einfachheit entwickelt, entsteht das Haus Rustici dank eines modernen bürgerlichen Bauherrn, der ein subtiles und diskretes Dekor sucht, welches zwar vorhanden, aber nicht vorherrschend ist. Das Haus Rustici strahlt Klima und Atmosphäre der Plastiken eines Galli oder eines Fausto Mellotti (Abb. 74) aus und gewinnt sein figuratives Gleichgewicht aus der Spannung zwischen den subtilen horizontalen Linien der Gehwege und dem »verschachtelten« Rahmen der Fassade. Nicht mehr die volumetrischen Werte des Novocomum spielen hier die entscheidende Rolle, sondern das Verhältnis zwischen Masse und Hohlraum, zwischen Linien und Flächen, zwischen Figuren, die verschiedene Materialien determinieren (Marmor, Verputz, Eisen, Glas). Mit diesem Objekt gelangen wir direkt in das Klima des italienischen Abstraktismus, der in jenen Jahren in Mailand und in Como die Epoche der maximalsten Kreativität erlebte und zu dem Terragni einen indirekten, aber dennoch maßgeblichen Beitrag geleistet hat.

In diesem Zusammenhang sei ein Element hervorgehoben, das Terragni von den Meistern des Rationalismus (allen voran Le Corbusier) unterscheidet: sein Interesse für den Wert der »Straße« als determinierender urbaner Faktor und des »Platzes« als urbanes Moment, denen im Rahmen des bildlichen Auftrags größte Bedeutung zukommt. Terragnis Forschungen führen zur Realisierung zwar weniger, aber umso bedeutsamer Varianten über dieses Thema.

# Die Mauer

Im Jahr 1934 schreibt das Regime einen Wettbewerb für den Bau des Palazzo Littorio aus, und die dafür ausgearbeiteten Entwürfe zeigen das Beispiel eines öffentlichen Gebäudes par exellence: Es ist der Palazzo für Mussolini und die Faschistische Partei, die sich mit Staat und Kaisertum identifizieren wollen.

Für diese Planungsaufgaben engagiert Terragni folgende Mitarbeiter: Pietro Lingeri (vertrauter Mitarbeiter bei fast all seinen Projekten), Marcello Nizzoli (Maler und Bühnenbildner), Mario Sironi (tonangebender Vertreter der Regime-Malerei), weiters Carminati, Vietti und Saliva. Sie beteiligten sich mit zwei formal und figurativ gänzlich unterschiedlichen Projekten. In beiden Fällen aber manifestiert sich der Wunsch nach der Gestaltung einer Architektur, die – als Protagonist oder Autor – den großen Zeugen der historisch-römischen Baukultur, besonders dem Kolosseum und der Basilica di Massenzio, gegenübergestellt werden kann. Kraft des urbanistischen Bewußtseins wird bei beiden Projekten die Inszenierung eines analogen und zugleich gegensätzlichen ›Szenenbildes‹ zur Basilika vorgeschlagen. Dem gegenüber steht eine architektonische Konzeption, die zwei analoge Antworten hinsichtlich ›Raumquantität‹ und ›Raumqualität‹ liefert, Raumstrukturen, die aber in bezug auf ihre Determination und Repräsentation merklich sichtbare Unterschiede aufzeigen.

»Es ist die große durchbrochene Scheibe – mit rotem Profil (aus dem Sockel des Duce herausgeschnitten und leicht gekrümmt), die bei der Lösungsmöglichkeit »A« eine vorwiegend formale Emotiuon auslöst und die Großartigkeit der räumlichen Konzeption offenbart.

Eine 80 Meter lange, gekrümmte Masse aus Pflastersteinen markiert eine Grenze, sozusagen einen Wall. Im Vergleich zur Via dell'Impero übernimmt sie sicherlich eine ähnliche Perspektive wie jene der Basilica di Massenzio. Das von Terragni und seinen Mitarbeitern entworfene Projekt läßt einen Vergleich mit dem spätrömischen Bauwerk zu: Dem Emportauchen der Apsis aus dem Körper entspricht die Krümmung des »Staudammes« des Palazzo Littorio, aber mehr noch seine Spaltung. Eine Mauer, und noch dazu eine, die von der Erde abgehängt ist – das erste Element des Bauens exponiert und verbirgt sich gleichzeitig. Als Zäsur, als Grenze drängt es die Gliederungen des Systems wie überflüssige Zwischenfälle bis in ihre Randbereiche zurück.

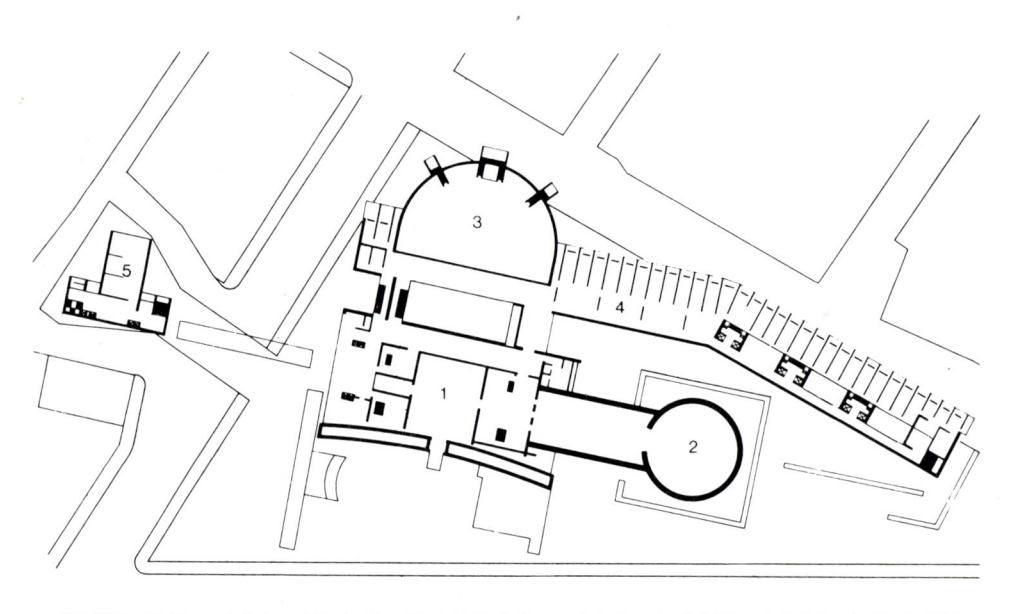

Abb. 235   Wettbewerb Palazzo Littorio, Rom (Projekt A), G. Terragni, A. Carminati, P. Lingeri, E. Saliva, L. Vietti (1934)

Abb. 236   Projekt A, Hauptansicht

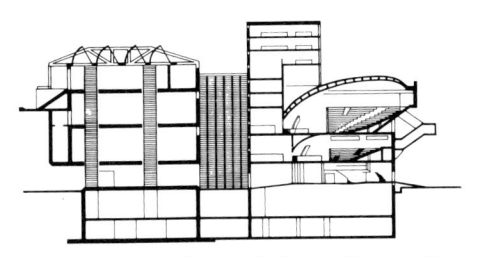

Abb. 237   Projekt A, Querschnitt, links die Mauer, rechts die zwei übereinander liegenden Säle

Da diese glatte Masse in der Luft wiederum durch einen Schnitt zertrümmert ist, der das »überraschende« Heraustreten des Duce-Podests ermöglicht, offenbart sich diese Mauer als Maske. Es ist Wesentlichkeit dieser primären Struktur, die zu verstehen gibt, daß ihre überzeugende Sicherheit etwas verhüllt, denn obzwar Protagonist, ist sie auch »Darsteller auf der Suche nach dem Autor«.
Doch dies genügt nicht. Denn eine immense nackte Mauer hätte eine Anspielung auf unzählige und unsagbare Geschehnisse dargestellt. Aber ganz im Gegenteil: Terragnis Mauer erscheint uns, als wäre sie tätowiert – der Aphorismus spaltet sich immer weiter. Die graphische Darstellung der isostatischen Spannungslinien, an einem Versuchsmodell studiert, zeichnet sich rätselhaft unregelmäßig auf der fortlaufenden Oberfläche ab. Krümmung und tätowierte Oberfläche, Form und Struktur stehen einander gegenüber und fragen nach dem Warum ihres Zusammenseins. In Wirklichkeit hat der stumme Dialog zwischen der sich selbst zurückziehenden Mauer und den isostatischen Spannungsverläufen buchstäblich das aufgelöst, was uns vorhin noch als »Staudamm« erschien. Die Linien, kraft der Struktur allmählich zu Elementen abstrakter Spinnweben verwandelt, entkräften das gebieterisch Zwingende der unendlichen Wände: Indem sie vorgeben, die Wahrheit zu sagen, enthüllten sie den letzten Sinn, nämlich daß sie eine Fiktion sind.
Nunmehr erscheint die gekrümmte Mauer als großer Bühnenvorhang. Vorhang und Maske. Für Terragni sind Wirklichkeit und Schein gleichwertige existentielle Dimensionen: Das höchste Spiel wird ihre gegenseitige Durchdringung sein, bis die Maske zur Realität wird, in der sich jeder »Wille zur Form« zersetzt. Von diesem Standpunkt aus betrachtet, ist Terragni an und für sich schon eine Figur Pirandellos.
Terragnis Projekt schaltet jegliche Zeitlichkeit aus. Zeitlos öffnet sich der Vorhang, und begleitet von einem unruhigen Schweigen erscheint das geometrische Objekt, auf dem Mussolini (oder auch ein anderer Darsteller) die »bereits von der Architektur ausgedrückten«, überflüssigen und lächerlichen Worte proklamiert hätte.

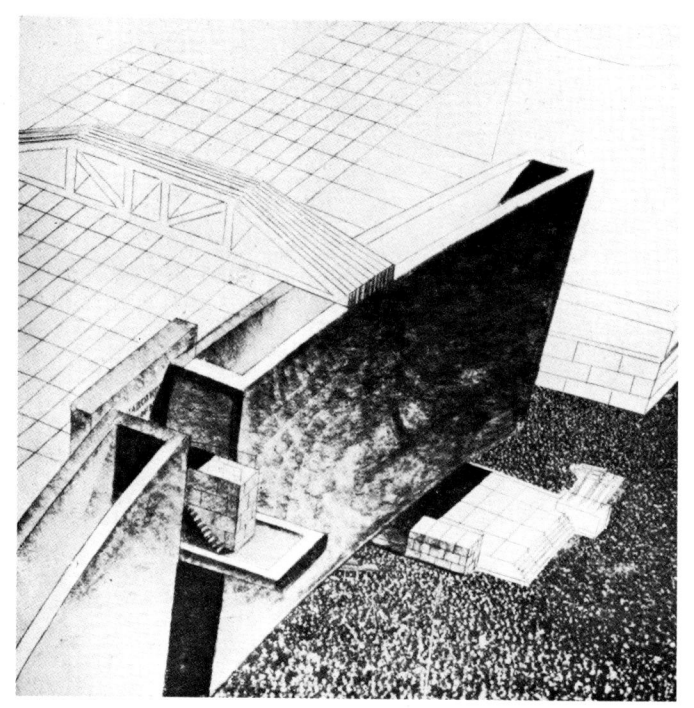

Abb. 238   Schaubild der 80 m langen Mauer mit der großen Zäsur in der Mitte

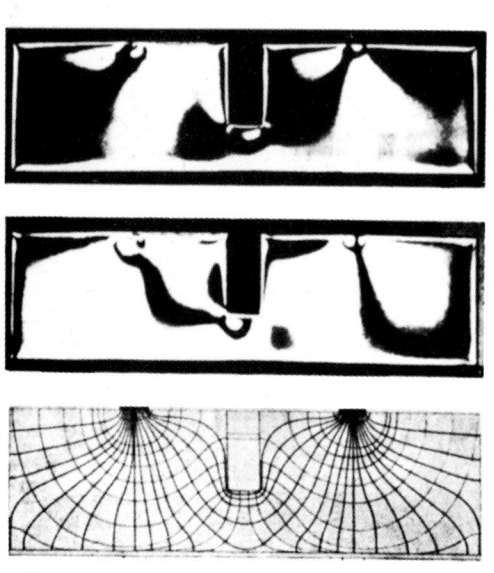

Abb. 239   Spannungsoptische Untersuchung der »Scheibe« am Modell

In diesem Fall stellt die Maske das Antlitz dar: Der Körper, der sich hinter und seitlich der Maske entwickelt, hat die Freiheit, jede beliebige Sprache zu sprechen. In der Tat, der Würfel, der sich vom zentralen Kern loslöst, um die kreisförmige Gedenkstätte zu verwirklichen, der zum »V« gebogene Büroblock, die Säle der »Fünfhundert« und der »Tausend« adoptierten eine andere Handschrift, die nur wenig mit den schwebenden Formen der gekrümmten Fassade zu tun hat. Bei dieser Gelegenheit interpretiert Terragni das Thema der Monumentalität (und indirekt jenes der Klasssik) mit einer metaphorischen Antwort und innovativem Forschungseifer.«[36]

Einen originellen und entscheidenden Impuls erfährt die Lösung »A« durch den Rückgriff auf (planimetrische) Formen und Kennzeichen der römischen Architektur, die einer neuen »Ordnung« entsprechend zusammengesetzt und mit zusätzlichen Bedeutungen ausgestattet werden; mit Bedeutungen, gewonnen aus den Räumen einer neuen Planung, mit der sie aber eine ständige Beziehung analoger Spannungen verbindet.

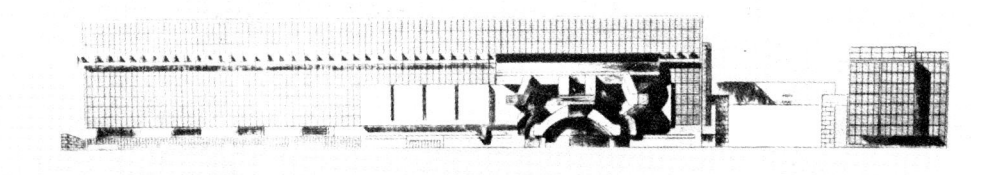

Abb. 240   Palazzo Littorio, Projekt A, Rückfassade (Bürotrakt)

Bei der Lösungsvariante »B« liefert die ›große Schachtel aus Glas‹ den Schlüssel zur Lektüre der architektonischen Konzeption: Sie richtet sich aber weniger auf einen metaphysischen Symbolismus, sondern sucht vielmehr nach den Grenzen der rationalistischen Formensprache.

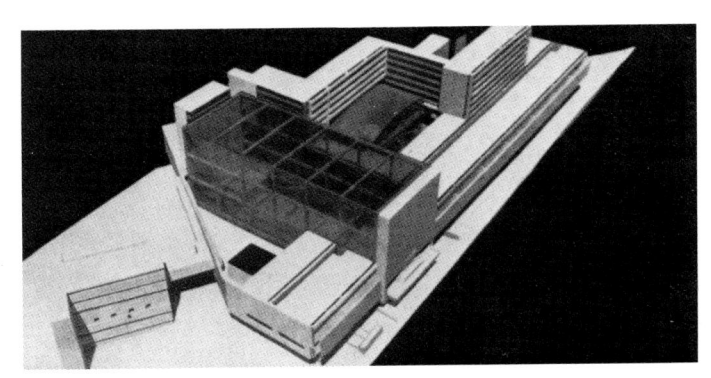

Abb. 241   Palazzo Littorio, Projekt B

Im ersten Fall fungiert die große Scheibe als Maske für den Rest des Bauwerks (und auf metaphorische Weise für den Faschismus, von dem nur die deklamatorische und theatralische Miene des Duce am Podest dargestellt wird). Traditionelle Formen und Materialien werden anhand ihrer unkonventionellen Verwendung neu semantisiert (›abgehängte‹ Mauer, Apsis von Außentreppe unterbrochen) und darüber hinaus mit Elementen der Industriearchitektur verbunden, die neue strukturelle Technologien anwendet.
Im Fall der Lösung »B« bedient sich Terragni einer Handschrift, deren wahres Element der Neuartigkeit bzw. der Evolution nicht nur durch das moderne Abbild, sondern auch durch den Versuch zum Ausdruck kommt, die Idee einer klassischen Monumentalität zu abstrahieren und zu definieren. Gestaltet wird diese Monumentalität mit Formen und Bildern, die nicht unmittelbar an die Tradition der historischen Architektur, sondern an die Darstellung anknüpfen: eine Darstellung, die ihre Vorbilder aus der rationalistischen Architektur und aus den Errungenschaften des Abstraktismus bezieht.

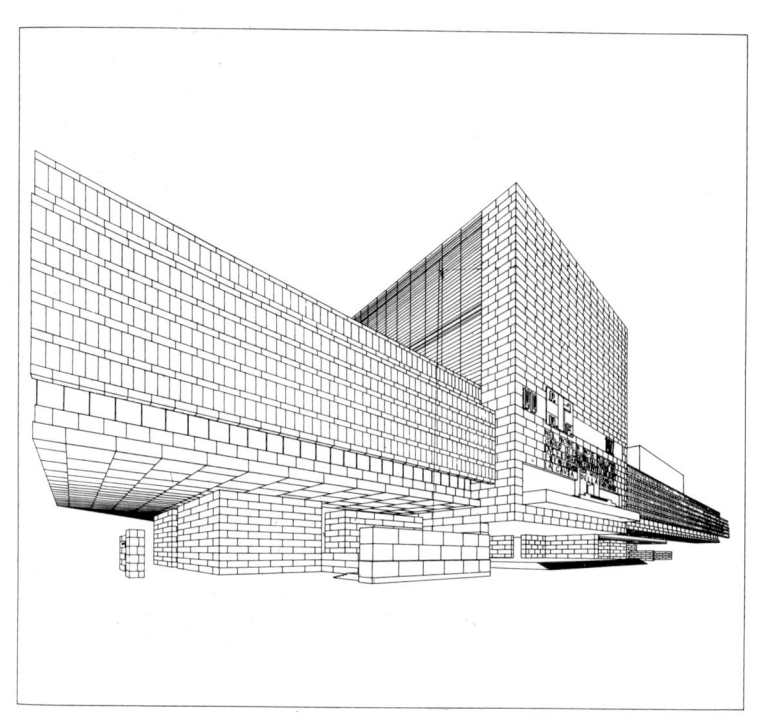

Abb. 242   Palazzo Littorio, Projekt B, Schaubild

Abb. 243  Palazzo Littorio, »Mostra della rivoluzione«

Abb. 244  »City in Space«, Frederick Kiesler, Paris (1925)

Bei der Lösung des Palazzo Littorio nach Variante B bediente sich Terragni des Prinzips des »Schwebens«, das ihm höchstwahrscheinlich von Frederick Kieslers »City in Space« her bekannt war; er hätte großen Wert darauf gelegt, die Konstruktion des Innenraums gleichsam »schweben« zu lassen, um seiner visionären Kühnheit den wahren utopischen Ausdruck zu verleihen.

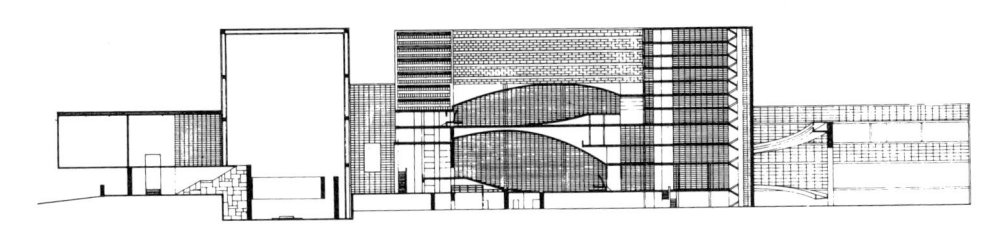

Abb. 245  Palazzo Littorio, Projekt B, Längsschnitt

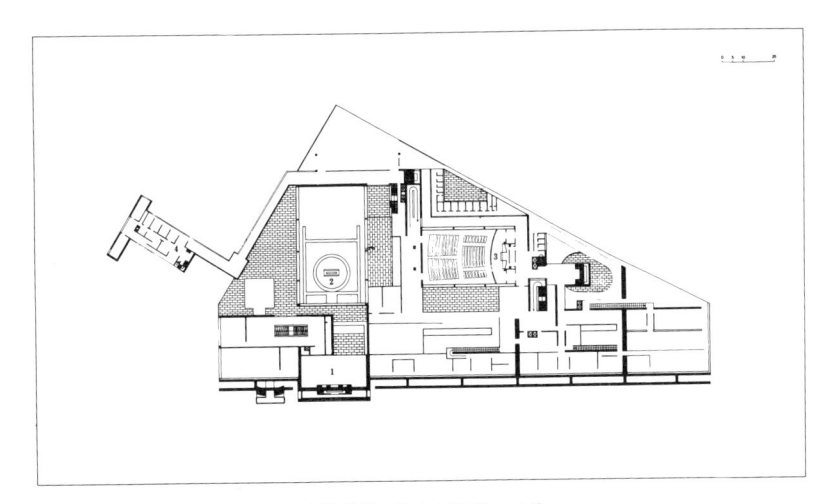

Abb. 246  Projekt B, Grundriß

Abb. 247  Casa del Fascio, Como: die Mauer als Werbefläche

Beim »Sitz der Faschistischen Partei« wird die Mauer wie ein vorgegebener geometrischer Plan abgelesen. Eine Mauer verfügt in ihrem allgemeinen oder unartikulierten Status über die Neutralität einer noch nicht bemalten Leinwand; sie existiert nur als Kontext. Nur wenn ihre Fläche gegliedert ist oder wenn Öffnungen eingeschnitten sind, wird sie im weitesten räumlichen Zusammenhang zum »Objekt«.
Öffnungen sind nötig, um den Einfall von Luft und Licht zu ermöglichen; zur Demonstration ihrer Notwendigkeit aber bedarf es eines (repräsentativen oder figurativen) Raumes.
Die vorderen Elemente des Bauwerks gewinnen in dem selben Maß an Bedeutung, wie die Stirnseite als relationale Schranke errichtet wird.
Die Frontalität ist nicht die einer Fläche oder einem »Objekt« inhärente Qualität, sondern sie bezieht sich vielmehr auf eine Relationalität zwischen Objekt und Objekt oder zwischen Objekt und Betrachter.
Die Betonung der Frontalität oder eines rezessiven Raumes hilft die primäre Wahrnehmung der Bezüglichkeit im Gegensatz zur Wahrnehmung des alleinigen Objekts zu verstärken. Der Grundgedanke ist selbstverständlich der, jede Fassade als Element einer räumlichen Schichtung und nicht als isoliertes Objekt zu zeigen.

Abb. 248  Danteum, Rom, G. Terragni mit P. Lingeri (im Hintergrund das Kolosseum)

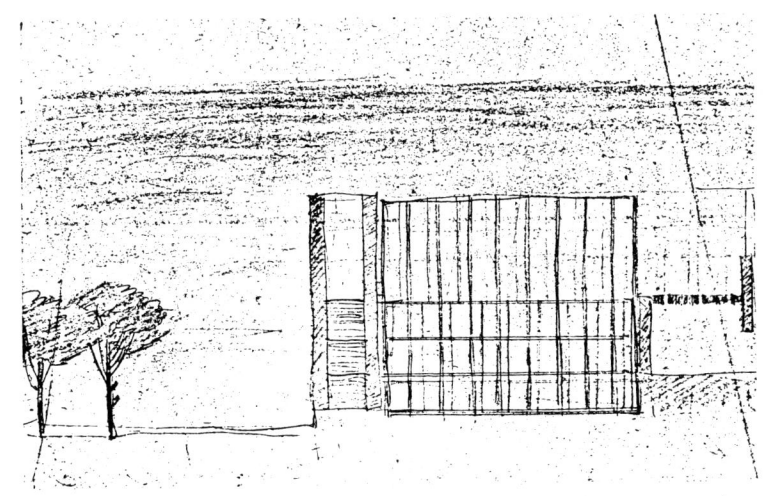

Abb. 249   Danteum, Schnitt mit Seitenansicht des Rahmengerüstes im Innenhof

Daher wird die Mauer eine Fläche, die als komplexes Bezugselement innerhalb einer Raumordnung wirkt. Die Gliederung dieser Fläche als wesentlicher Bestandteil einer räumlichen Dimension liefert die nötige Spannung für das völlige Verständnis der räumlichen Rezessionen.
»Hier muß an eine Element der architektonischen Komposition des »Danteum« erinnert werden, das in enger Analogie zu dem Saal steht, der dem Kaiserreich gewidmet ist. Es handelt sich um jene monumentale Mauer, die parallel zur Vorderfront angeordnet ist. Ihre Fassade zur Via dell'Impero durchzieht ein langes Fries, das aus übereinander lagernden Steinen gemeißelt ist. Diese Steine ähneln jenen der pelasgischen Mauern, deren Spuren auf der griechischen Halbinsel und den Ägäischen Inseln erhalten sind.
Diese Mauer bildet einen Schutzschild für das Gebäude, begrenzt eine interne, zum Eingang führende Straße mit geringfügigem Höhenunterschied und gibt den Blick auf das Kolosseum frei, wenn man von der Piazza Venezia kommt; vor allem aber macht sie auf den der Basilica di Massenzio zugewandten Verlauf aufmerksam.
Auf diese Weise wird die Mauer zu einer riesigen Tafel, zu einer monumentalen, mit hundert Marmorblöcken durchwobenen Gedenkplatte (die Anzahl der Marmorblöcke entspricht der Anzahl der Gesänge der »Göttlichen Komödie«, wobei die Maße der einzelnen Blöcke der Anzahl der Terzinen jedes Gesanges entsprechen).« (siehe S. 136)

Abb. 250   Danteum, die Mauer mit Reliefs von M. Sironi

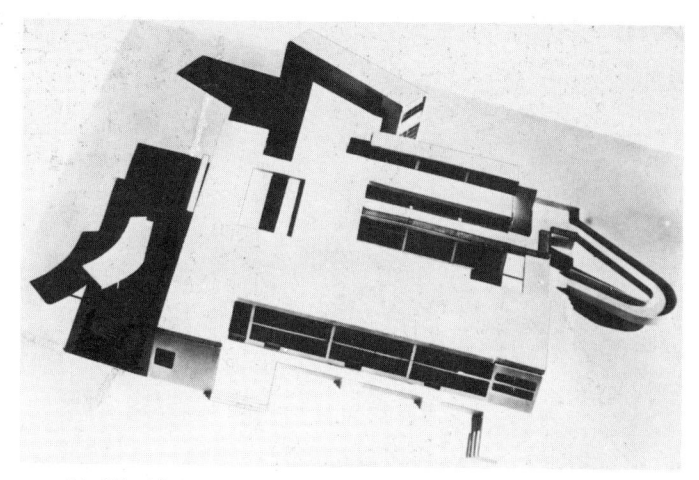

Abb. 251  Kindergarten Sant' Elia, Como, G. Terragni (1936) (Modellfoto)

## 1936/37: Kindergarten Sant' Elia in Como

»Die Architektur, Indikator für Kultur und Zivilisation, wird transparent, elementar, perfekt hervorquellen, wenn sie Ausdruck eines Volkes ist, das jene mühevoll ausgearbeiteten Ergebnisse auswählt, befolgt und schätzt, die die geistigen Werte aller Menschen offenbaren...«, ist in einem von Terragni 1941 verfaßten Manuskript zu lesen. Vielleicht dachte er dabei an den Kindergarten, an sein spontanstes und erfreulich heiteres Produkt, das während einer ausgeglichenen Schaffenspause entstand – ganz und gar außergewöhnlich für eine Existenz, die von rasenden Polemiken und harten Kämpfen konditioniert war. Hier dominiert endlich das Horizontale, die Erdlinien; man vergißt die diktatorische Anmaßung (Überheblichkeit), sich am Alltäglichen erfreuen ist kein Verbrechen. Lichtdurchflutete Räume, Verläufe, Dialoge zwischen strukturellen Rahmengerüsten und Volumen, ohne Intellektualismus, sprudeln nur so hervor mit einer unvergleichlichen kreativen Natürlichkeit.

Abb. 252  Kindergarten Sant' Elia; durch Verschieben der Zwischenwände entsteht ein Großraum

Abb. 253   Kindergarten Sant' Elia, vorgelagertes Rahmengerüst als Betonung des Einganges und der zentralen Pausenhalle

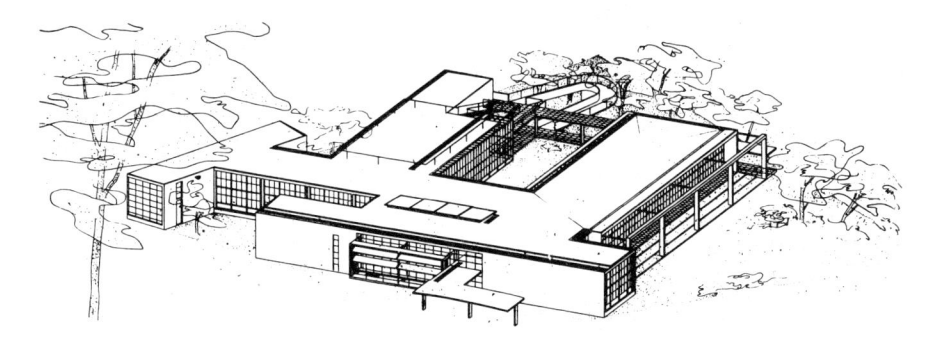

Abb. 254   Axonometrische Darstellung der Anlage

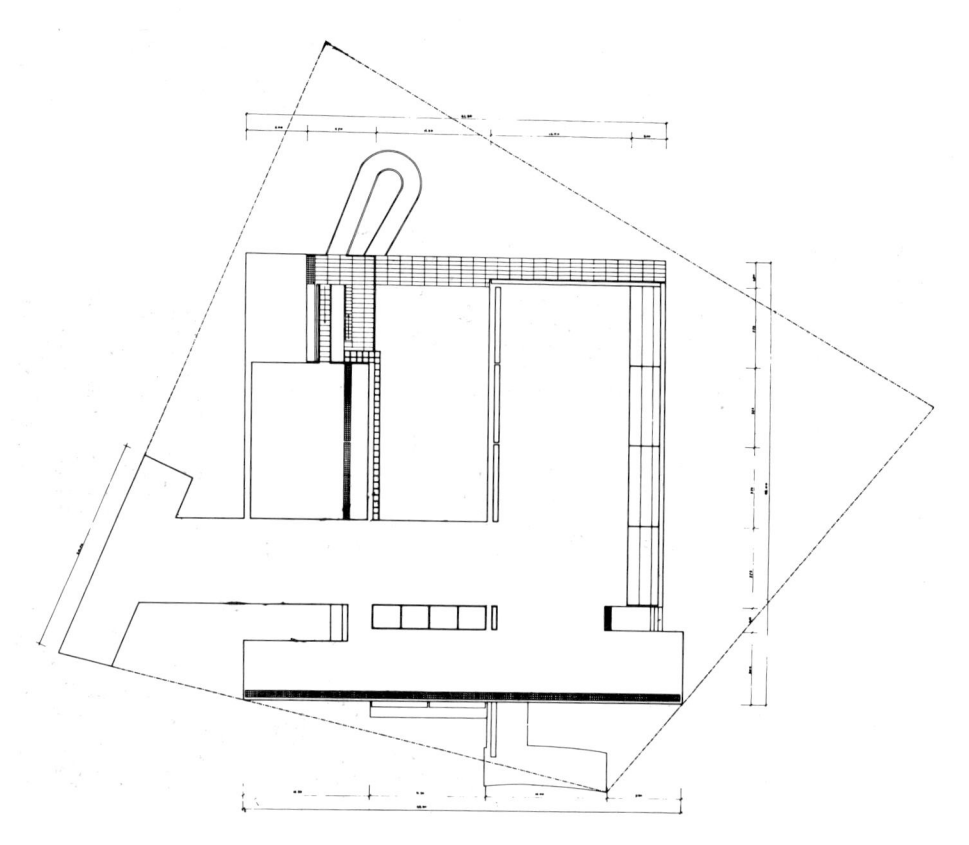

Abb. 255 Kindergarten Sant' Elia, Dachdraufsicht

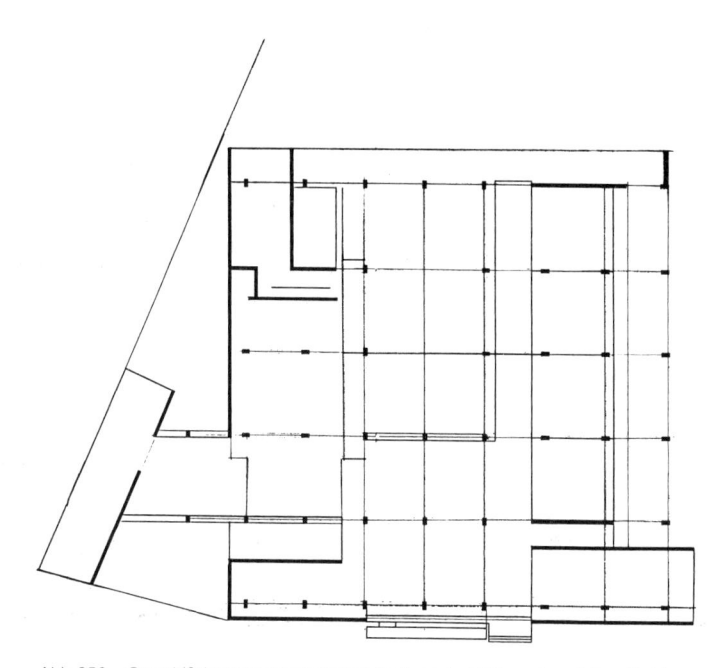

Abb. 256 Grundriß; bemerkenswert ist die Stellung der Stützen, die mit ihrer Richtung die Orientierung der Räume aufzeigen.

Abb. 257　Hofseite; durch gespannte Segel wird eine Schattenzone erreicht

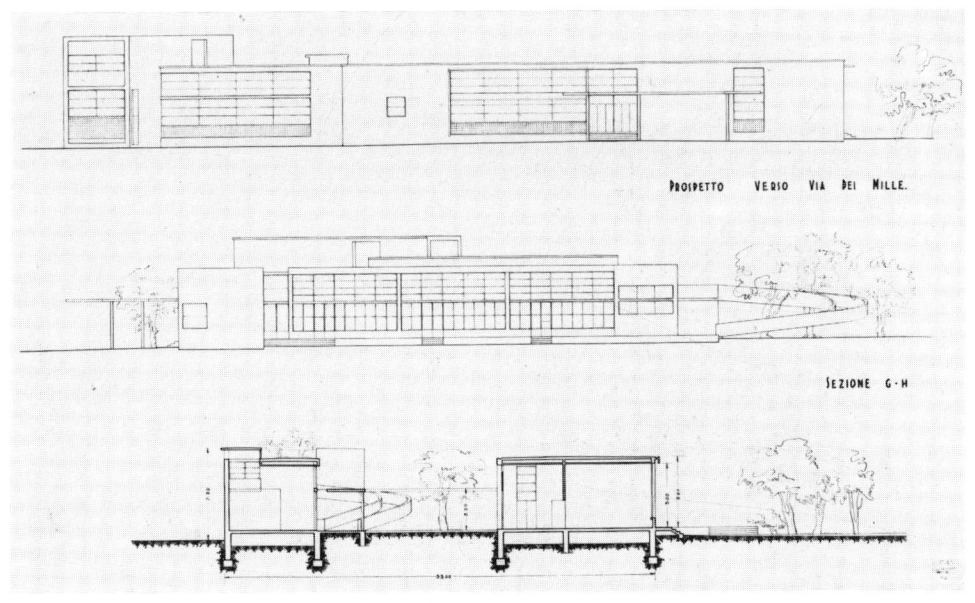

Abb. 258　Ansichten und Schnitte

## 1935/36: Neuer Sitz der »Accademia di Brera« in Mailand

Entwürfe in Zusammenarbeit mit P. Lingeri, L. Figini, G. Pollini, L. Mariani.
»Im Anschluß an eine lebhafte Polemik über die Zweckmäßigkeit einer Konstruktion in den Gärten von Brera wurde die erste Lösung des unterbrochenen Blocks (Abb. 265) verworfen. Der damalige Minister Bottai nominierte eine Kommission, die sich aus Ugo Ojetti, Gustavo Giovannoni, Marcello Piacentini und Gino Clerici zusammensetzte und den zweiten Vorschlag (Abb. 266) akzeptierte, aus dem die Mittelschulen für künstlerische Sudienrichtungen ausgeschlossen wurden, welche vorläufig im alten Palast untergebracht waren.
Bei aufmerksamer Betrachtung der beiden Projekte kann man die gesamte Palette des »Manierismus« von Terragni entdecken: eine qualitativ ausgezeichnete Zusammenfassung von erforschten Thematiken entlang eines komplexen Weges, der vom Wettbewerb des Palazzo Littorio bis zur Ausschreibung des Kongreßpalastes E 42 führt und von subtilen strukturellen Rastern gekennzeichnet ist.« (Zevi)

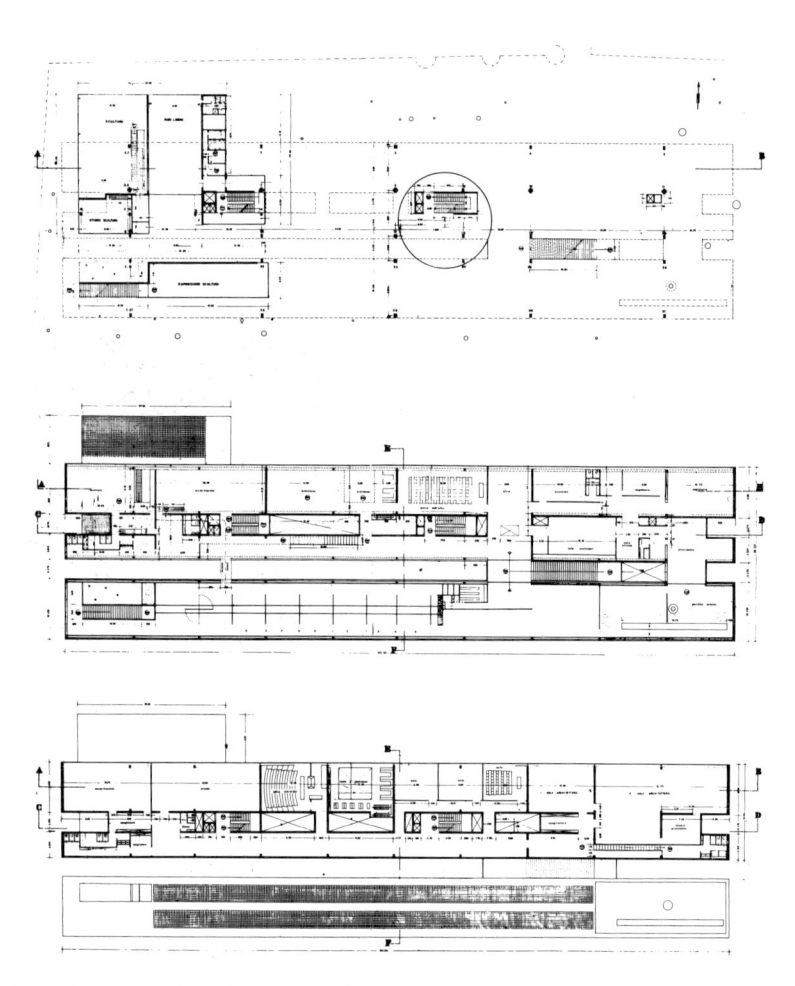

Abb. 259   Akademie in Brera, Mailand, G. Terragni, L. Figini, P. Lingeri, L. Mariani, G. Pollini (1935), Grundriß EG, 1. OG, 2. OG

Abb. 260—261   Modellaufnahme, Dachdraufsicht (Ausführung in Stahlbeton, 1936—40)

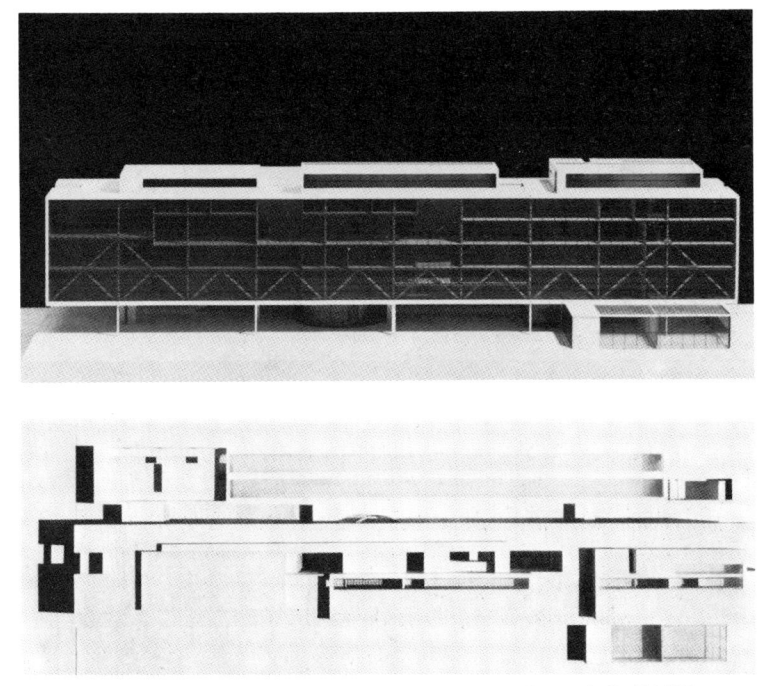

Abb. 262—263   Modellaufnahme, Dachdraufsicht (Ausführung in Stahl, 1953)

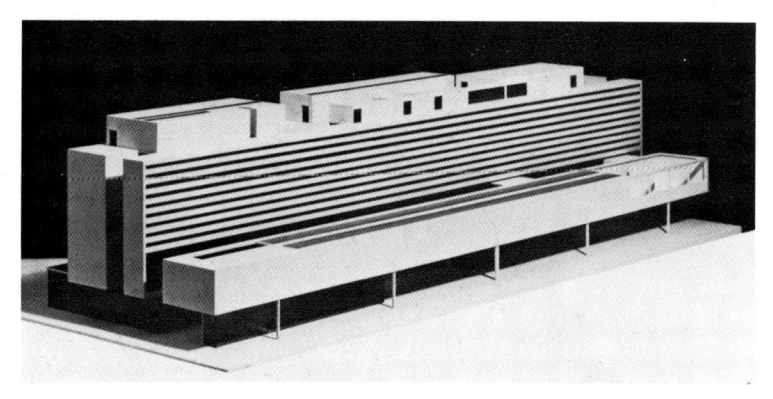

Abb. 264  Modellaufnahme

Beim Projekt für die Brera werden das klassische Element und das Ordnungselement noch vom strukturellen Schema dargestellt. In diesem Fall aber entwickelt es sich vertikal, hebt das Gebäude vom Boden ab und bestimmt die volumetrische, typisch rationalistische Lösung des ausgehöhlten Prismas. Darüber hinaus ›löst‹ sich auch der strukturelle Raster vom Block und erscheint an der Stirnseite wie ein Sonnenstrahl.
Nicht die funktionelle Bedeutung, sondern der deutlich formale Charakter verleihen dem Objekt ein »abstraktes« und absolut neues Gesamtbild.

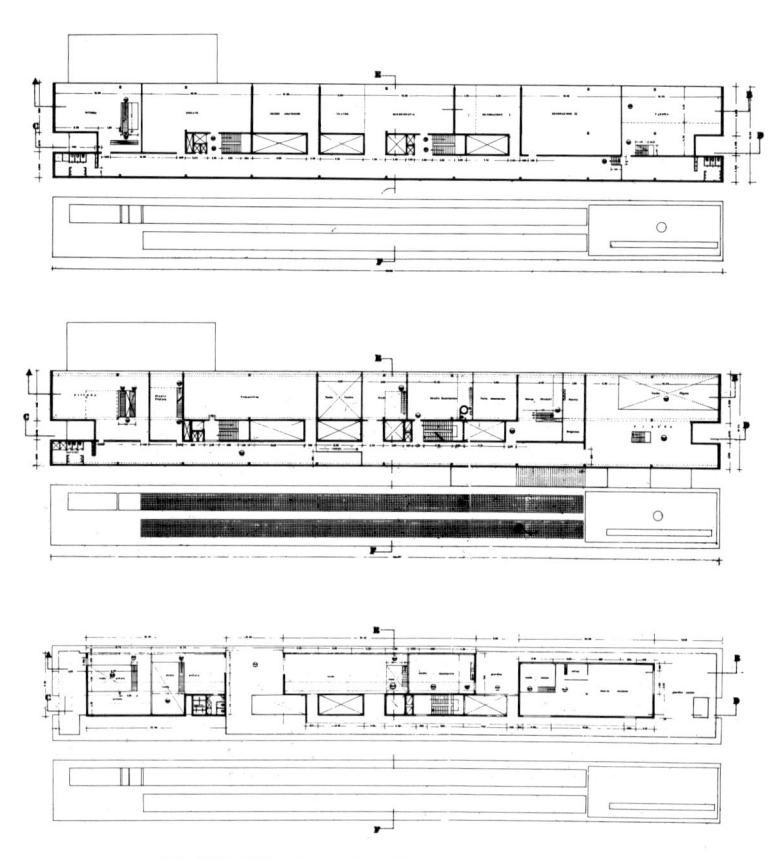

Abb. 265—267  Grundriß 3. OG, 4. OG und Dachgeschoß

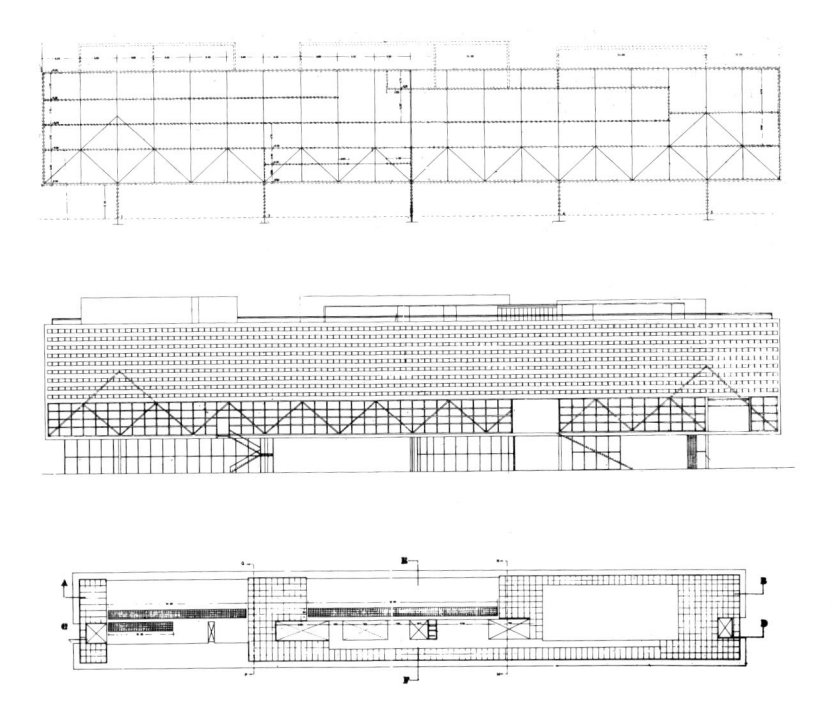

Abb. 268—270  Schema der Metallstruktur der Fassade, Vorderansicht und Dachdraufsicht des höheren Teils

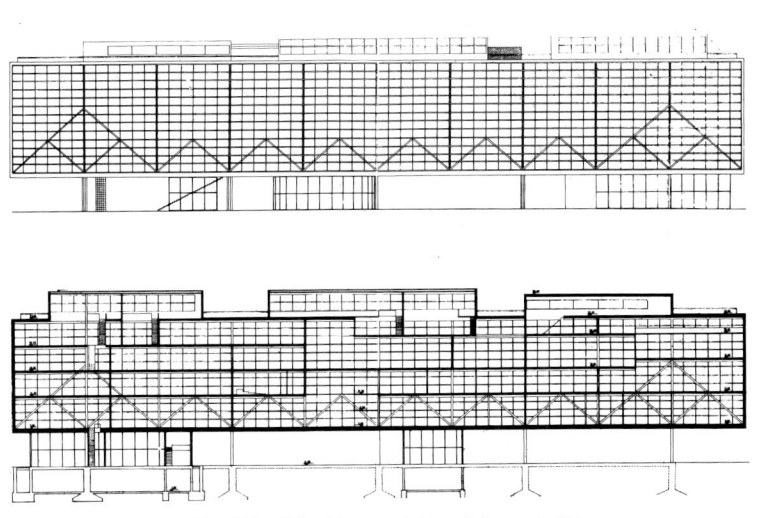

Abb. 271—272  Hauptansicht und Längsschnitt

Abb. 273  Casa del Fascio in Lissone (Mailand), G. Terragni mit A. Carminati (1938—39)

## 1938/39: Casa del Fascio in Lissone

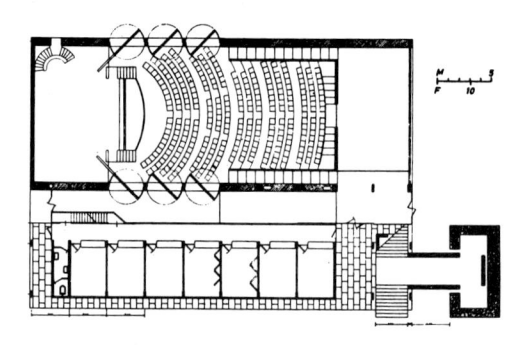

Abb. 274  Grundriß des Mezzanins

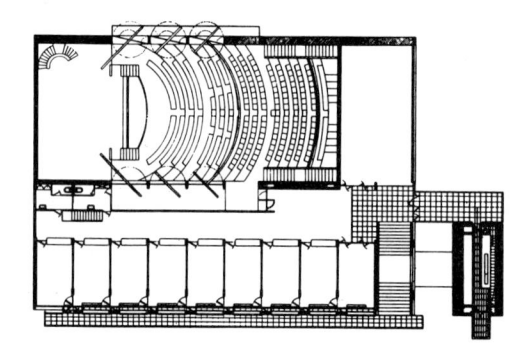

Abb. 275  Grundriß Obergeschoß

Abb. 276   Hauptansicht mit Turm und Gefallenendenkmal

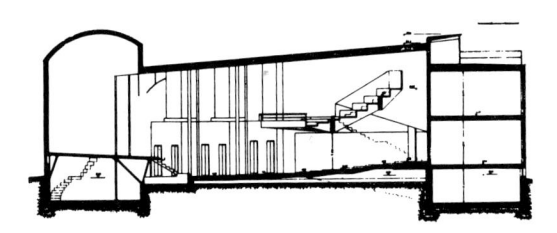

Abb. 277   Längsschnitt durch das Theater und den Versammlungsraum

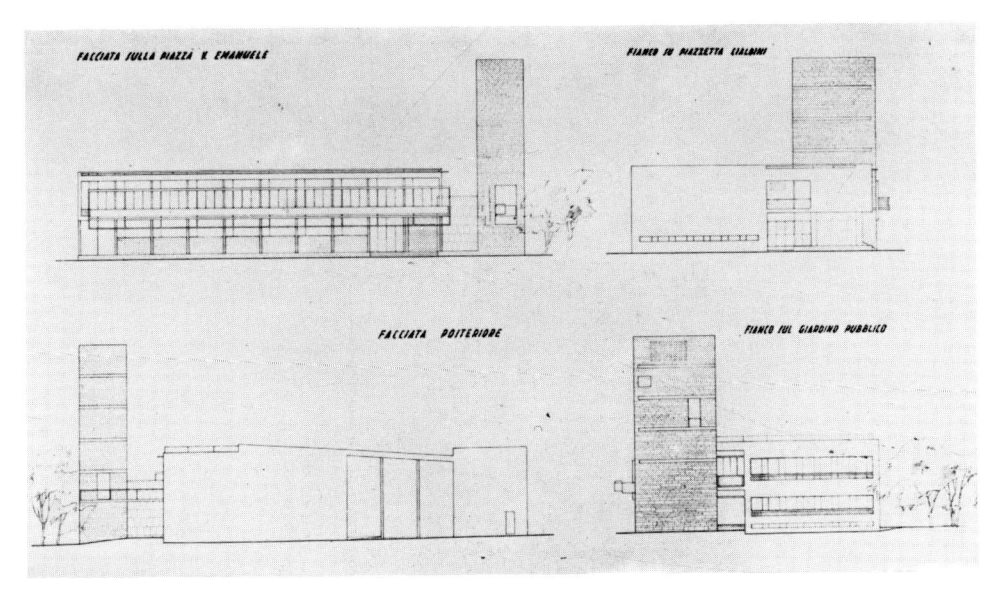

Abb. 278   Ansichten

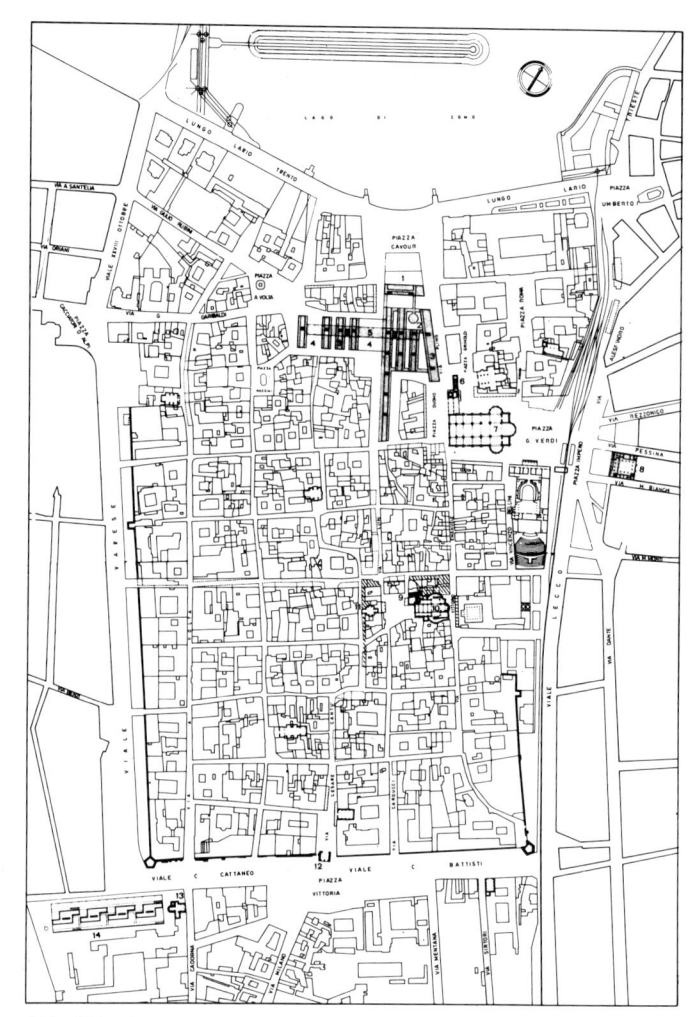

Abb. 279 Städtebauliche Studie für die Sanierung des Stadtkerns Comos, G. Terragni (1940)

## 1940: »La Cortesella« (Como)

Gewiß kann man sich ein »Bild der Stadt« im Werk Terragnis machen, indem man die Inhalte verschiedener repräsentativer Typologien studiert. Man erkennt schließlich, daß dieses Stadtbild vor allem eine durchdachte Typologie widerspiegelt, die sich mit der eigenen Rolle und dem eigenen Konzept stark auseinandersetzt.
So gesehen, kann man eine gewisse »Modernität« im Werk Terragnis finden, die sich dem Betrachter mittels zeitgemäßen und kritischen Aspekten offenbart.
Die Geschichte des Projektes »Cortesella« wäre es wert, zum Inhalt einer Dissertation zu werden, war doch sein Weg bis zur Realisierung mit Hindernissen und starker Polemik gepflastert. Hier möchte ich lediglich auf eine Gesamtvorstellung eingehen, die Terragni noch während der Planungszeit dargelegt hat. Ihm schwebte nämlich die Errichtung eines einzelnen großen Gebäudes vor, welches sich, je nach funktionellen Erfordernissen, in Büro-, Wohn-, Geschäfts- und Unterhaltungszonen gliedern sollte. Diese mehrschichtige und verschiedenartige Typologie hätte ein weites Gebiet zwischen See und Dom eingenommen und somit vielen

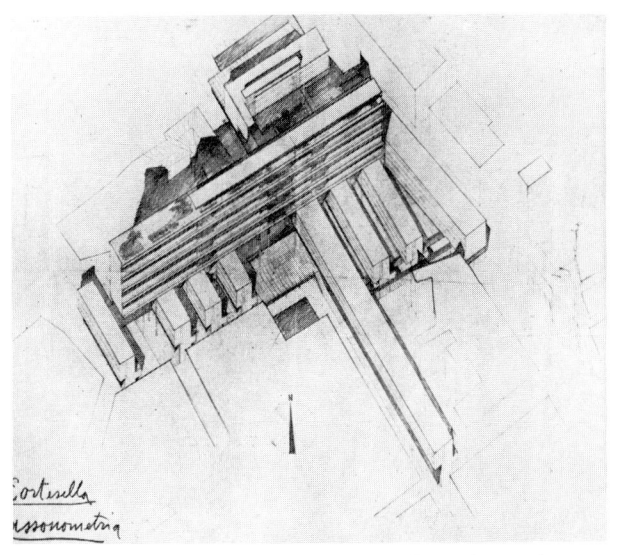

Abb. 280   Axonometrische Darstellung der Gesamtintervention

städtischen Erfordernissen genügt. Es handelt sich hiebei um ein großes Gebäude in T-Form, das mehrere verschiedenartige Häuserblöcke zusammenfaßt, indem es diese übergreift.
Offensichtlich wird hier der Gedanke Terragnis: ein »städtisches Herz« zu schaffen, das durch Veränderbarkeit und gleichzeitiger Zusammenballung eine qualitativ äußerst anspruchsvolle Rolle im Gesamtkonzept einnimmt.
Betrachtet man Terragnis Vorgangsweise bei der 1926 geplanten Veränderung des städtischen Innenraumes und den Entwurf für das Gefallenendenkmal, stößt man auf den eigentlich angestrebten Eingriff im Bebauungsplan von Como, nämlich auf die »Funktionelle Stadt«, die Terragni in Athen im Jahre 1933 dem CIAM dargelegt hat. Man erkennt hier ganz deutlich das Zusammenspiel zwischen Morphologie und Typologie, dessen Aufgabe es ist, die Rolle jedes typologischen Eingriffes bei einer städtischen Evolutionstendenz festzulegen.
Mit Hilfe seiner erfinderischen Poetik schafft Terragni eine kulturelle Wahrheitsfindung, die ihm aufgrund seiner bewußten Teilnahme an der modernen Bewegung durchaus zusteht.

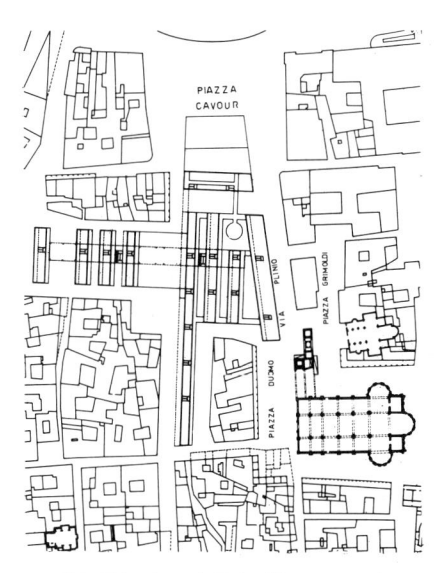

Abb. 281   Ausschnitt des Planungsareals

Abb. 282   Haus Giuliani-Frigerio, G. Terragni mit L. Zuccoli (1939—40): »die Ecke«

## 1939/40: Haus und Wohnungen Giuliani-Frigerio in Como

Sie sind Terragnis letztes realisiertes Werk.
Als Matrix kann die Anordnung der Appartements — drei pro Stockwerk auf verschiedenen Ebenen — bezeichnet werden. Die Grundrisse der Wohnungen erlauben außergewöhnlich elastische Raumgestaltungen, der Zugang erfolgt von Falttüren.
»Durch differenzierte und dissonante Fassaden mit Balkonen, zurückversetzte Fenster, vorkragende Blöcke, helle Gitter und aus Platten geschnittene Ecken wird eine »schachtelförmige« Darstellung vermieden.« (Zevi)

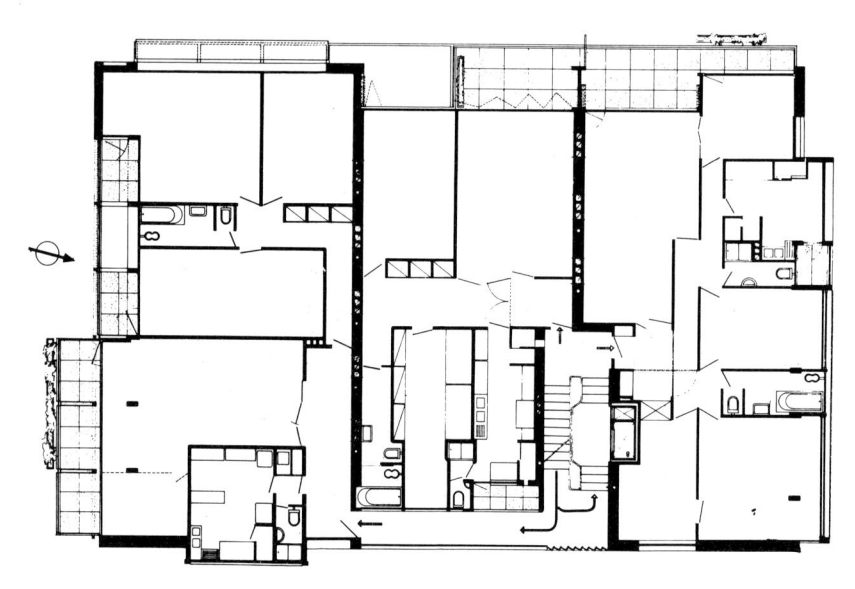

Abb. 283   Grundriß Regelgeschoß

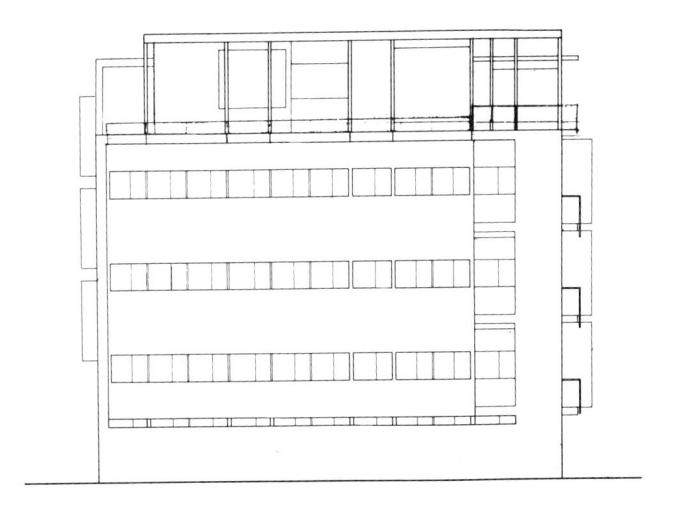

Abb. 284  Seitenansicht

Der Reigen des rationalistischen »Manierismus« von höchster Qualität, der mit der Casa del Fascio in Como eröffnet wurde, findet hier seine vollendet reife Krönung. Nicht von ungefähr hat Peter Eisenmann eine gründliche syntaktische Analyse durchgeführt und sich dabei der linguistischen Instrumente Noam Chomskys bedient.[37]

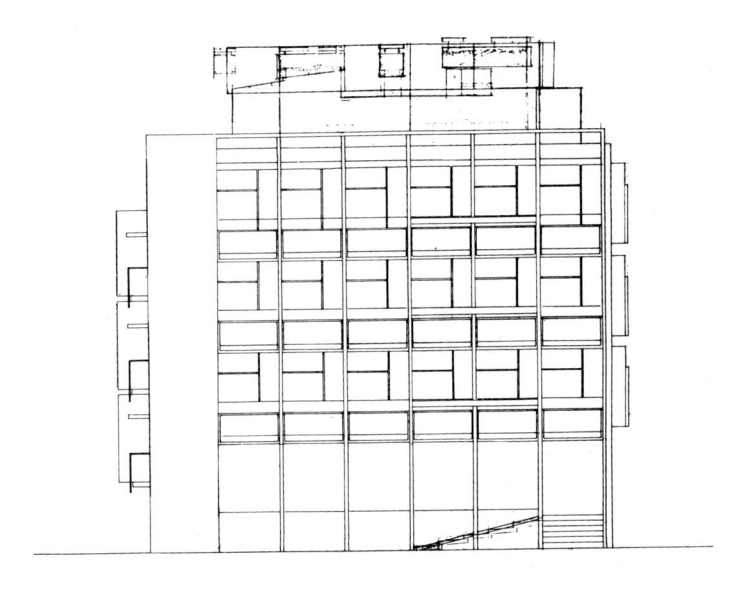

Abb. 285  Seitenansicht, Viale Fratelli Rosselli

Abb. 286   Haus Giuliani-Frigerio, Fassadenausschnitt

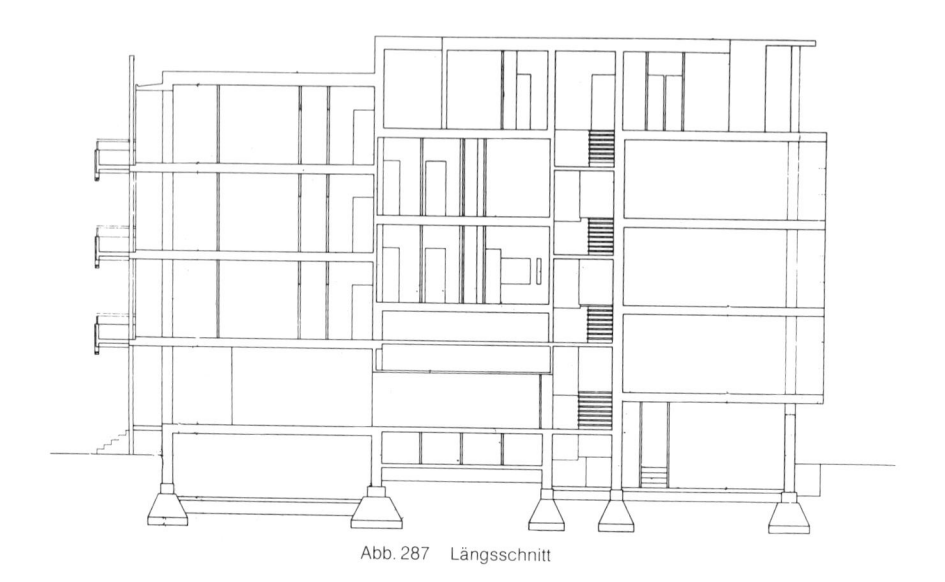

Abb. 287   Längsschnitt

Abb. 288 Ecklösung und Balkonstruktur

Abb. 289 Ansicht

Abb. 290   Haus Giuliani-Frigerio, Ecklösung

## Die Vielschichtigkeit der Fassade

Die Fassade, wie sie sich dem Betrachter darbietet, war für Terragni beileibe keine Variation zum Thema »Mauer«. Er komponierte sie aus mehreren parallelen vertikalen Schichten, denen verschiedene Bedeutung zukommt. Die ganze Fülle seiner Gestaltungskraft ließ er beim Haus Frigerio spielen: Gitterartige Metallrahmen betonen Öffnungen und dienen gleichzeitig der Verbindung zweier »voller« Fassadenteile über den »hohlen« hinweg. Die Fenster versetzt er hinter die Ebene der eigentlichen, tragenden Fassade. Aus anderem Material wiederum sind die Brüstungen der vorspringenden Balkone – aus durchsichtigem Glas, das die Gliederung durchscheinen läßt, oder aus Konglomerat-Platten, die selbst wieder umrahmt sind und deren Maße genau den dahinterliegenden Öffnungen entsprechen, wodurch beider Funktion betont wird. (Die Platten, hinter denen sich kein Balkon befindet, sind durch einen zweiten Schlitz von den anderen verschieden!)

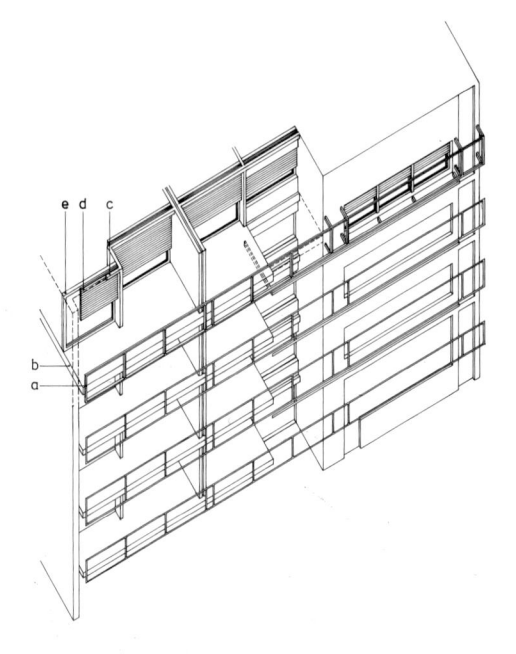

Abb. 291   Axonometrische Darstellung der Fassadenschichtung

124

a

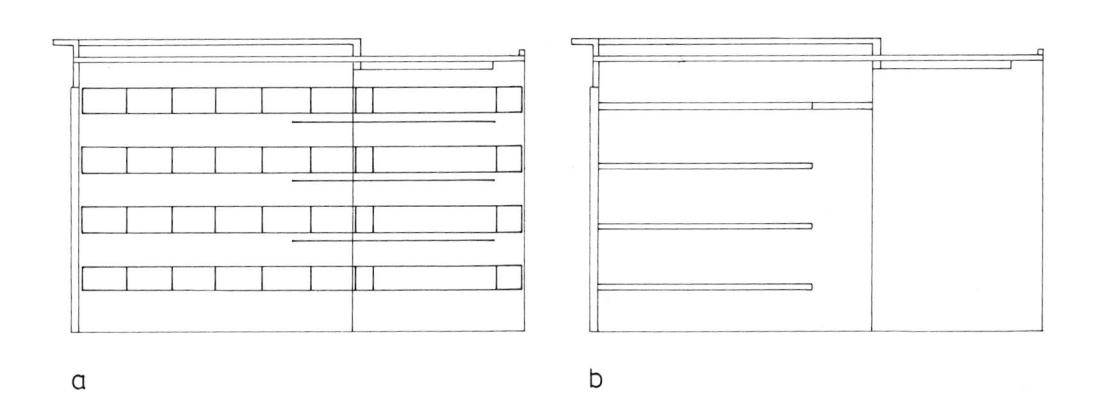

Abb. 292   Erste Schicht: der Metallrahmen

b

Abb. 293   Zweite Schicht: herausragende Teile (Balkone)

c

Abb. 294   Dritte Schicht: gelochte Fassade

d, e

Abb. 295   Vierte Schicht: hineinragende Teile (Fenster, Rolläden)

Abb. 296   Gesamtgeometrie und Dreiteiligkeit der Fassade

# Die Ecklösung

In Terragnis Architektur übernimmt die Ecklösung eine Sonderstellung, man könnte sie als »dynamisch« bezeichnen. Die Gebäudeecke erweist sich nicht als bloße Unterbrechung zwischen der einen und der anderen Fassade, als eine Ungewißheit, die auf die Entdeckung des Dahinterliegenden wartet; sie wird selbst zum bedeutsamen Moment, das die beiden Fassaden verbindet, indem es eine Kommunikation herstellt, die eine Einleitung, eine Voraussetzung oder eine Vorgeschichte zu den nachfolgenden Ereignissen darstellt.
Bei Terragni wird die Gebäudeecke also zu einem komplexen räumlichen Kriterium, das zwei Themen (die Fassaden) verbindet, die wohl in derselben Sprache formuliert, aber durch eine unterschiedliche Syntax geordnet sind. Und dies erklärt die Dynamik, welche kognitive Gegenwart bedeutet.
Mit der Casa del Fascio realisiert Terragni ein schachtelartiges Volumen, bei den Ecklösungen aber versucht er den kubischen Raum zu entmaterialisieren (wie beim gesamten Gebäude) und auszuhöhlen. Dabei gelangt er zu einem Resultat, das trotz Festhalten am ursprünglichen Sinn (»Schachtel«) auf gewiß originelle und nicht kanonische Weise erzielt wird.
In anderen Fällen (Asilo S. Elia, Haus Giuliani-Frigerio, zweite Projektlösung Brera, Haus Ghiringhelli) zeigt er durch die Ecklösung unmißverständlich die Richtungslinie der Wände zu den Fassaden an: auf der einen Seite (A) verläuft sie von innen nach außen, auf der anderen parallel zur Fassade (B), siehe Abb. 301.
Das Resultat bekräftigt seinen festen Entschluß, dieses architektonische Thema auf unbekannte Weise verwirklichen zu wollen, wobei er die »Ecke« allmählich in ein Moment verwandelt, welches die beiden Fassaden verknüpft, vom Gesichtspunkt der räumlichen Lösung aus aber im Grunde autonom ist.

Abb. 297   Kindergarten Sant' Elia, Ecklösung

Abb. 298  Ecklösung als Abwicklung der Fassade

Abb. 299  Durch Versenkungen der Wand wird die seitliche Fassade ablesbar

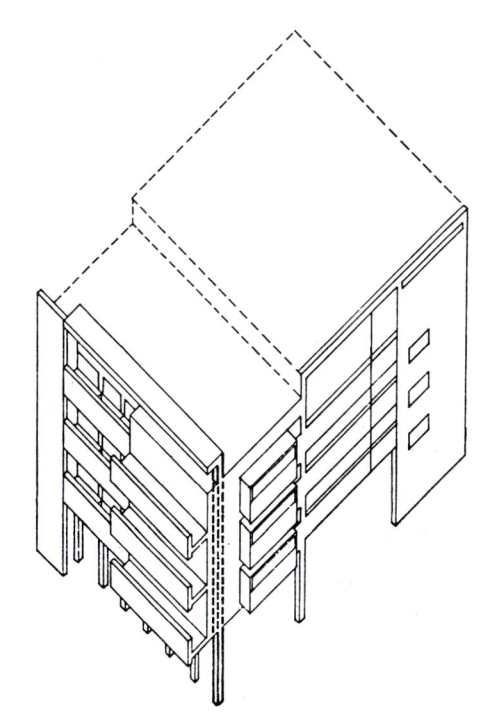

Abb. 300  Schematische Zeichnung von P. Eisenmann: »die Eckabwicklung«

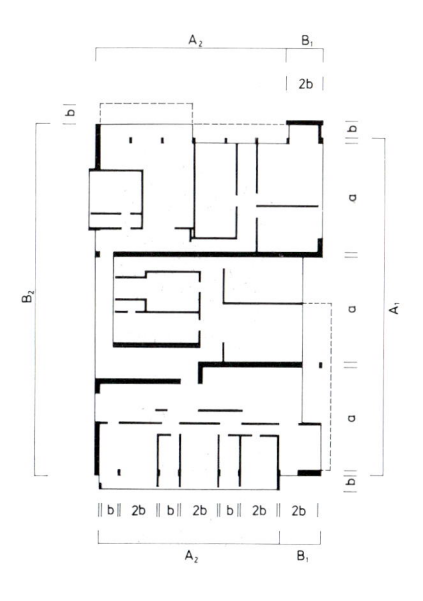

Abb. 301  Schematische Zeichnung der Ecklösung

# Dichtung und Architektur

Wenn Poesie oder Literatur sich von der Architektur (im allgemeinen) die Technik der Anonymität ausleihen können, dann kann sich auch der Architekt den Schriftsteller zum Vorbild nehmen (Schumacher). Für Terragni und seine Kompositionen bedeutet dies die Erschaffung von Mythen und Personen.

Beim »Danteum« und im »Bericht über das ›Danteum‹« hat er auf ziemlich akademische Weise die Form vom Inhalt, die Mythen von der Struktur unterschieden, sodaß die beiden Komponenten im Zuge der Planung abermals vereint werden konnten.

Seit jeher faszinierte Terragni die Frage nach dem Verhältnis, das zwischen traditionellen Elementen (Säulen, Säulengang) und der abstrakten Struktur einer architektonischen Komposition besteht, in welche die Elemente einbezogen sind. Sein Vorbild bei Stellung und Lösung dieses Problems war Dantes »Göttliche Komödie«.

Allerdings hatte bereits Benedetto Croce (»Estetica«, 1902) das Problem erörtert, wie konventionelle Elemente innerhalb einer abstrakten Komposition gelöst werden können. Nach Meinung Croces ergibt sich die Lösung aus der intuitiven Betätigung des Geistes. Das intuitive oder ästhetische Erkennen ist für ihn »der erste Schritt, von dem andere Schritte der Aktivität abhängen«[38]. Der Idee liegt die Trennung der »eingefügten Bedeutung« (gemäß Terragni) von der intuitiven Erkenntnis der Kompositionsstruktur des Bauwerks zugrunde. Diese Lösung setzt von seiten des Betrachters keine intellektuelle Betätigung voraus, obgleich Terragnis Kompositionsgeometrie das Ergebnis einer ständigen intellektuellen Aktivität ist. Terragni forderte nicht die unmittelbare Wahrnehmung der formalen Umwandlungen, wenngleich er ihr Vorhandensein in der architektonischen Komposition erklärte; er nährte bloß ihre historische Rechtfertigung.

Croce stellt Intuition und Ausdruck auf dieselbe Ebene. Er ist der Ansicht, daß der Ausdruck in der künstlerischen Synthese den Kern des Werks bildet, und unterscheidet so den Künstler vom Wissenschafter.

Für ihn – und für Terragni – macht die von der Form gestaltete und bezwungene Materie Platz für die konkrete Form.

Was eine unserer Intuitionen von der anderen unterscheidet, ist die Materie, der Inhalt: Die Form ist konstant, die Tätigkeit ist geistig; die Materie ist veränderlich, und nur durch sie kann geistige Aktivität ihre Abstraktheit überwinden, um zu einer realen und konkreten Tätigkeit, zu diesem oder jenem geistigen Inhalt, zu dieser oder jener genau determinierten Intuition umgesetzt zu werden.

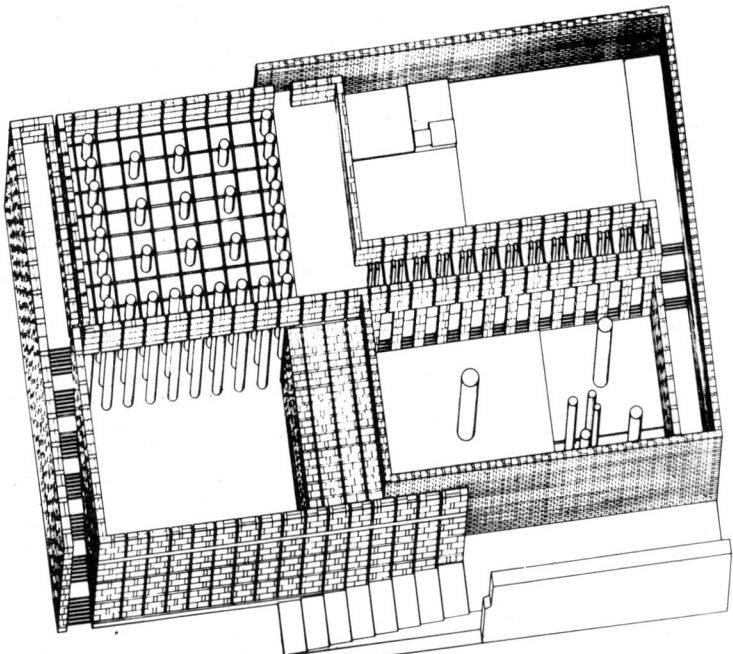

Abb. 302   Danteum, Rom, G. Terragni und P. Lingeri (1938), axonometrische Darstellung

# Theoretische Argumente zum Danteum

Im ›Archivio Capitolino‹ in Rom befinden sich zwei Alben mit den von Pietro Lingeri und Giuseppe Terragni im Jahr 1938 entworfenen Projekten für das Danteum. Im ALBUM 1 befindet sich der Bericht über das Danteum, der Kostenbericht und eine Serie von 16 Fotografien von Zeichnungen. Im ALBUM 2 befindet sich derselbe generelle Bericht und die Fotoserie.
Die Geschichte dieses Projekts wurde bereits von Tom Schumacher im Band »Il Danteum di Terragni«, Officina, Rom 1980 rekonstruiert und vom selben Verlag im Jahr 1983 unter dem Titel »Terragni e il Danteum« neu herausgegeben. In diesem Buch geht Schumacher von einer schlechten Kopie des Berichts aus, die er im Atelier von Terragni in Como gefunden hat.
Jener Bericht, der sich in den römischen Registern befindet und den wir der Bequemlichkeit halber »offizieller Bericht« nennen möchten, erlaubt wenigstens teilweise Ergänzung der fehlenden Stellen des Berichts, der sich im Terragni-Archiv in Como befindet. So ist es nunmehr möglich, auch den ersten Teil des Berichts zu lesen, in dem sich das »theoretische Motiv« befindet, das Lingeri und Terragni zum Entwurf des Danteums veranlaßte.
Somit kann der Bericht über das Danteum in drei Teile gegliedert werden:
Der erste Teil umfaßt den theoretischen Anlaß des Entwurfs; beim zweiten Teil handelt es sich um einen generell erklärenden Abschnitt der Beziehungen zwischen architektonischem Baudenkmal und literarischem Werk; der dritte Part analysiert die drei Säle der Hölle, des Fegefeuers und des Paradieses (letzterer fehlt).
Hier werfen die zwei Architekten ein entscheidendes Problem für die moderne Architektur jener Jahre auf: nämlich die Beziehung zwischen MODERN und MONUMENTAL.
Wie bereits von Schumacher bemerkt, gelangen Lingeri und Terragni im Danteum-Bericht zur Schlußfolgerung, daß es sich um ein monumentales Bauwerk, um ein architektonisches Denkmal, genauer gesagt: um einen Tempel, handelt. Der Tempel ist zusammen mit dem Museum, dem Grabdenkmal, dem Palast und dem Theater ein historisch bereits fixierter Typus. Es geht also um eine »Erprobung« der modernen Architektur im feindlichen Bereich der Triade »Monumentalität, Symbolismus und Feierlichkeit des Themas«, Widersacher der neuen Architektur. Dies ist aber absolut notwendig, weil die Aspekte im geistigen Leben ununterdrückbar sind: nötig ist also, zum Wesentlichen zu gelangen, das sich unter dem scheinbaren Formalismus und Konventionalismus der Triade verbirgt.
Die Ruinen der Fori Imperiali, der Basilica di Massenzio, des Kolosseums sind für Lingeri und Terragni unsterblich, weil sie »auf den grundlegenden Gesetzen der geometrischen oder numerischen Harmonie, die Räume und Volumen, Leer und Voll verbinden«, basieren. Hier befinden wir uns vor dem Knotenpunkt der Frage. In diesem Rahmen wird mit der Möglichkeit gespielt, die Legitimität der modernen Architektur zu beweisen, daß sie Teil einer tausendjährigen Geschichte und daß sie mehr oder weniger eine – der Architektur eigene – Synthese erlangen kann. Es ist unserer Meinung nach von besonderem Interesse, diese Position mit jener von Pagano zu konfrontieren. Für ihn werden »die Meilensteine der heutigen Architektur weder die Paläste der Fürsten noch die riesigen gotischen Kathedralen sein, sondern die Städte der Arbeit, des Studiums, der Gymnastik, der Gesundheitspflege, des Vergnügens. In unserer Epoche neigt man dazu, der Bevölkerung das maximalste materielle und moralische Wohlergehen zu ermöglichen: Museen, Theater, Schulen, Krankenhäuser, Gartenstädte, Vergnügungsparks werden daher die wesentlichen Elemente sein, die der architektonischen Monumentalität anzuvertrauen sind.«[39] Für Pagano ist die Monumentalität »größtenteils auf die besonderen Beziehungen der Massen (Proportionen und Rhythmus) und auf reale oder relative Dimensionen zurückzuführen.« Auf jeden Fall ist sie kein absoluter Wert.
Im Laufe der dreißiger Jahre bestimmt Pagano seine Ideen über das Verhältnis zur Antike genauer. Was er für entscheidend hält, ist die Fähigkeit, in der antiken Architektur die wesentlichen Dinge wiederzufinden. Gewiß sind die geheimen Gesetze der Harmonie vorhanden, und diese muß man eben ermitteln. Aber diese Harmonie, die Schönheit und ästhetische Ergriffenheit auslöst, ist in der Modernität der antiken Architektur zu finden. Für Pagano ist Pompei somit modern, weil es ein Ideal der Klarheit, eine Liebe zu wesentlichen Dingen, ein funktionales Motiv ausdrückt. Die Architektur der Vergangenheit ist dann bedeutend, wenn sie der Prüfung nach modernen Ideen standhält, welche die klare und ausdrückliche Synthese eines langen, mit signifikanten Episoden übersäten Weges darstellen.
Pagano vermag in der antiken Architektur eine immer wieder nützliche polemische Anregung »gegen alle demokratische Aufgeblasenheit« wiederzufinden.[40]
Einerseits entspricht die Position Lingeris und Terragnis jener von Pagano, andererseits sind sie

jedoch antithetisch. Sie gehen von anderen Voraussetzungen aus und gelangen zu anderen Schlußfolgerungen. Für Pagano besteht die wesentliche Aufgabe in der Erziehung einer Architektengeneration, die ehrlich, aufrecht, antirhetorisch und daher modern ist. Für Terragni richtet sich die Aufmerksamkeit nicht ausschließlich auf die Klarheit, die Wesentlichkeit oder die Funktion eines architektonischen Werks, sondern eher auf jene für ihn unbestimmbaren Werte der Kunst und des Geistes. Projektierung bedeutet für ihn ein Risiko, das ohne jede Rücksicht akzeptiert werden muß.


Pietro Lingeri/Giuseppe Terragni

## ERLÄUTERNDE ANMERKUNGEN ZUM DANTEUM IN ROM

Der Gedanke, in der Via dell'Impero ein monumentales Bauwerk zum ehrenden Gedenken Dantes und seiner unsterblichen Göttlichen Komödie zu errichten, stellte uns vor eine schwierige und verantwortungsvolle Aufgabe und verlangte von uns als innovative Architekten und Italiener im Zeitalter Mussolinis besonderes Engagement. Diese Idee von höchstem geistigen Interesse und einzigartiger künstlerischer Bedeutung entsprang dem großartigen Zusammenwirken zweier Mäzene, Alessandro Poss und Rino Valdameri. Dank ihres Vertrauens erhielten wir das Privileg, in einer architektonischen Harmonie die wundervolle philosophische und poetische »Konstruktion« auszudrücken, nach welcher die wohl bedeutendste Demonstration menschlichen Geistes geschaffen wurde und die wir Dante Alighieri, dem »beschützenden« Genie Italiens, verdanken. Einen genialen Künstler zu glorifizieren, indem man sein »göttliches« Werk preist, mag in der kurzen Geschichte der modernen Architektur einen extrem wichtigen Prozeß einleiten. Dabei soll größte Ausdruckskraft anhand geringster Rhetorik, das Maximum an Ergriffenheit durch ein Minimum an dekorativem und symbolischem Beiwerk erzielt werden. Eine gewaltige Symphonie gilt es mit urtümlichen Instrumenten zu realisieren. Durch eine notwendig intransigente Analyse der bleibenden Werte vergangener Architekturen, welche sie revolutioniert, geht die moderne Architektur daran, unserem Jahrhundert künstlerische und geistige Würde zurückzugeben. Bisher vermied man jedoch eine tiefgreifende Untersuchung einiger Aspekte, von denen wir glauben, daß sie im geistigen Leben niemals unterdrückt werden können und die wir hier provisorisch mit den Begriffen Monumentalität, Symbolismus und Feierlichkeit bezeichnen möchten.
Es würde wahrhaftig unsere Kompetenz überschreiten, wollten wir darüber diskutieren, inwieweit es sich a priori lohnte, auf die Untersuchung des historischen Ideenguts zu verzichten und lieber zu versuchen, das Wesentliche dessen zu erobern, was sich unter einem scheinbaren Formalismus und Konventionalismus verbirgt. Wir haben also, kurz gesagt, eine Wahl zwischen Flucht und Prüfung zu treffen. Sicherlich aber mußten wir bei der Analyse unseres Themas auch auf das Problem eingehen, das sich aus dem Begriff »Massenkunst« ergab, aus dieser Vereinigung gefährlicher Wörter, welche zu vielfacher Auslegung auch bezüglich der Architektur Anlaß gibt.
Denn nicht eine Kompromiß-Architektur kann dieses schwierige Problem lösen, sondern nur eine siegreiche Synthese aus der ideellen Schlacht zwischen der typisch modernen Architektur auf der einen und Monumentalität, Symbolismus und Erhabenheit des Arguments auf der anderen Seite. Betrachtet diese »Feinde« der Spontaneität, der unberührten Ursprünglichkeit, der aufkeimenden Architektur doch mit unseren Augen: Ihrer nur zu bekannten funktionellen Qualitäten beraubt, muß die neue Architektur jenes furchtbare Hindernis überwinden, welches ihr ein Thema bereitet, das der Rhetorik sehr nahesteht.
Unbestritten ist, daß sich die neue Architektur auf einem dreifachen Prüfstand zu bewähren hat, dreifach hinsichtlich Monumentalität, Symbolismus und Feierlichkeit, was dennoch zu einer Fülle von Unbekannten und Mißverständnissen führen kann.
Widersprüche erwachsen aus dem ungünstigen, wenn nicht gar unglücklichen Schlachtfeld: dem von der Via Dell'Impero bestimmten Ambiente. Die Ruinen des Forum Romanum, die Basilica di Massenzio und das Kolosseum sind immer noch lebendiger und künstlerischer Ausdruck jenes künstlerischen Erbes, das als gleichrangiges fundamentales Ausgangsmaterial sowohl Monumentalität und Feierlichkeit als auch Stein und Mörtel verwendet.
Aber jetzt, nachdem alles Vergängliche, alles Beiläufige, jeder Vorwand, der zur Römerzeit gegolten haben mag, weggefallen sind, offenbart sich großartig das wahre Wesen des Ambientes. Und der Entweihung angeklagt und auf dem Scheiterhaufen verbrannt sollen alle werden, die

meinen, es sei ein nützliches Werk, die Ruinen aufzubauen. Uns wurde die schwierige Aufgabe auferlegt, die natürliche Position der erstaunten Zuschauer zu verlassen und (was viel ungemütlicher ist) selbst Schauspieler in dieser Szene zu werden, welche von den zahlreichen Generationen vorbereitet wurde, indem sie die geniale kaiserliche römische Idee aufgebaut, zerstört und wiederaufgebaut haben.

Diese Aufgabe übernahmen wir in der Überzeugung, so der faschistischen Idee zu dienen und unserem Glauben an die Kunst als Ausdruck des geistigen Lebens der großen historischen Epoche, in der wir leben. Von einem überirdischen Regisseur, wie man die Ewigkeit des Römischen Reiches nennen könnte, wurde uns die schwierige Aufgabe anvertraut, die wir zu lösen versuchten. Das Terrain, welches uns vom Wettbewerb für den Palazzo Littorio schon vertraut ist, stellt das verfänglichste und ungebärdigste Gebiet dar, das sich ein Architekt nur vorstellen kann. Es ist ein Experimentierfeld, auf dem sich acht Jahrhunderte Architektur ausgedrückt und dokumentiert haben.

Außergewöhnliche Bauten streben in zwei Schlachtordnungen zum Kolosseum: in Ost–West-Richtung das Forum Romanum; in Nordwest–Südost-Richtung die Reihe der Fori Imperiali des Traian, Augustus, Nerva und Vespasian. So ordnet sich die Via dell'Impero in einen Raum ein, der von beiden Aufstellungen bestimmt wird, unterstützt jedoch vor allem die zweite und partizipiert daher an einer ähnlichen Nordwest–Südost-Orientierung (...)

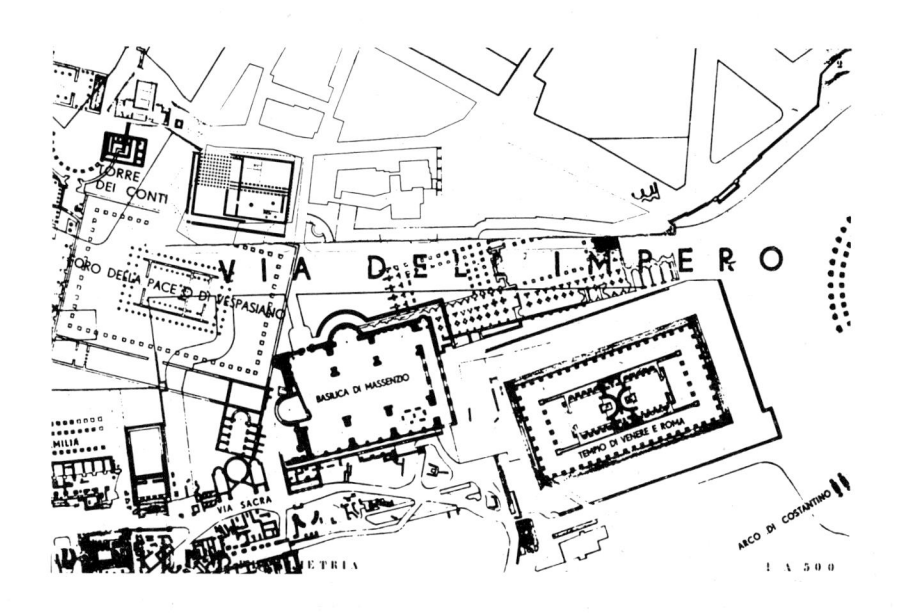

Abb. 303  Lageplan (Via dell'Impero, Venustempel, Basilica di Massenzio und oben links das Danteum)

Pietro Lingeri/Giuseppe Terragni
# ÜBER DAS »DANTEUM«

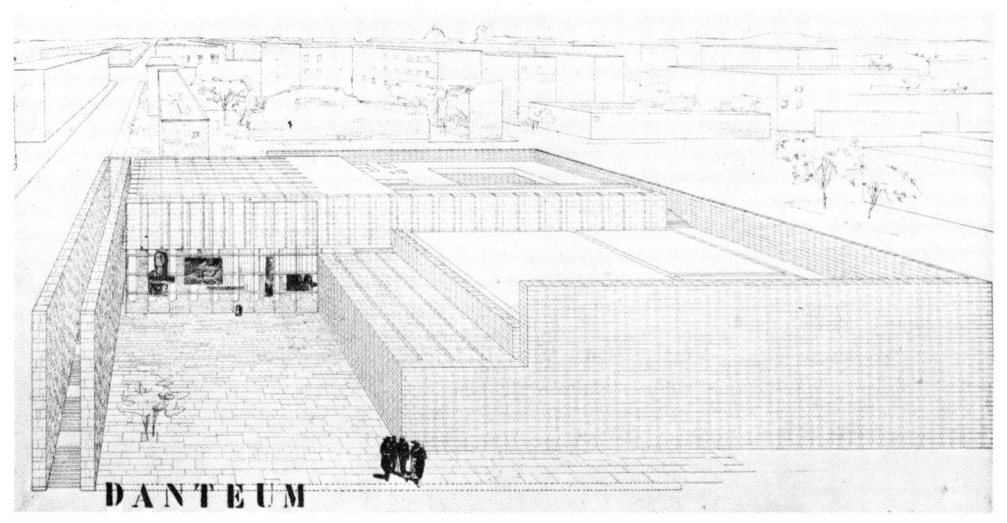

Abb. 304  Danteum, Schaubild; zu beachten sind die verschiedenen Abstufungen des Daches und die unmittelbare Höhendifferenzierung der Räume

Nicht nur aufgrund der voraussichtlich bescheidenen Dimensionen, sondern auch wegen eines möglichen Vergleichs mit der perfekten und großartigen Ellipse des benachbarten Kolosseums wurde die runde Form ausgeschlossen. Daher mußten wir unser Hauptaugenmerk auf eine rechteckige Form lenken, und unsere Wahl fiel schließlich auf ein besonderes Rechteck; auf ein Rechteck, das angesichts seiner treffenden Maßverhältnisse die gesamte Konstruktion dieses Baudenkmals mit jenem Wert »absoluter« Schönheit prägen würde, die die Prärogative der beispielhaften Architekturen der großen historischen Epochen ist. Ebensowenig konnten wir uns der Belastung durch ein zusätzliches Problem entziehen, das wir bei unseren Planungsarbeiten berücksichtigen mußten: nämlich daß in die geometrischen Schemata der monumentalen Konstruktion von Anfang an Bedeutung, Mythos und Symbol, als geistige (und im Fall des Dante-Werks selbstverständlich als numerische) Synthese verstanden, zu integrieren wären.
Denn die Verbindung (bei der hinsichtlich Gleichgewicht und Spontaneität der Ergebnisse Zweifel aufkommen könnten) zwischen dem plastisch-architektonischen Ausdruck und der Abstraktion sowie dem Symbolismus des Themas war nur am Ausgangspunkt der beiden voneinander so verschiedenen Aspekte möglich. Architektonisches Denkmal und literarisches Werk können zu einem einzigen (einheitlichen) Schema verwachsen, ohne daß bei dieser Verschmelzung einer ihrer Vorzüge verlorengeht. Voraussetzung dafür ist, daß jedes dieser beiden geistigen Argumente eine Konstruktion und ein harmonisches Gesetz hat, die nach den geometrisch-mathematischen Prinzipien des Parallelismus oder der Subordination konfrontiert und verbunden werden können.
In unserem Fall konnte der architektonische Ausdruck dem literarischen Werk nur durch eine Prüfung und Beurteilung der bewunderungswürdigen Struktur des Göttlichen Epos entsprechen. Diese Struktur basiert auf einem genauen Kriterium der Teilung und der Interpretation einiger symbolischer Zahlen wie 1, 3, 7, 10 und ihrer Kombinationen, die man anhand weiterer Selektionen aus den Zahlen 1 und 3 (Einheit und Dreieinigkeit) bilden kann.
Es gibt nur ein Rechteck, das den harmonischen Grundsatz der Einheit in der Dreieinigkeit deutlich zum Ausdruck bringt, und das ist jenes, welches man historisch als »Goldener Schnitt« bezeichnet; jenes Rechteck also, bei dem die Seitenlängen den Proportionen des Goldenen Schnitts entsprechen (die kürzere Seitenlänge ist mittleres proportionales Segment zwischen dem größeren Teil und dem Segment, das aus der Differenz der beiden Seitenlängen resultiert). »Eins« ist das Rechteck, »drei« sind die Teilstücke, die diesen Goldenen Schnitt determinieren.
Dieses Rechteck im Verhältnis der stetigen Teilung kann wieder in ein Quadrat und ein Rechteck im Verhältnis zum Goldenen Schnitt zerlegt werden, und so weiter. Anhand dieser Zeichnungen

nach derselben Harmonielehre manifestiert sich hier der Begriff des »Unendlichen«, denn diese Zerlegungen sind theoretisch tatsächlich unendlich.

Das Rechteck im Goldenen Schnitt der planimetrischen Formen wurde in der Antike von Assyrern, Griechen und Römern häufig verwendet. Sie haben uns typische Beispiele mit rechteckigen Grundrissen hinterlassen, bei denen jene Teilung nach dem Goldenen Schnitt auftritt, die des öfteren mit numerischen Kombinationen Beziehungen eingeht.

Das hiefür augenscheinlichste Beispiel in der Via dell'Impero ist die Basilica di Massenzio, deren Grundriß mit der Rechteckteilung im Goldenen Schnitt übereinstimmt.

Für das Danteum wurde also ein rechteckiger Grundriß bestimmt, der jenem der Basilica di Massenzio ähnlich ist; aber auch die Dimensionen stammen direkt von jenen der außergewöhnlichen römischen Konstruktion (die größere Seite des Danteums entspricht jener kleineren der Basilica, während demnach der kleinere Teil der Differenz der beiden Seiten der Basilica entspricht).

Abb. 305   Basilica di Massenzio

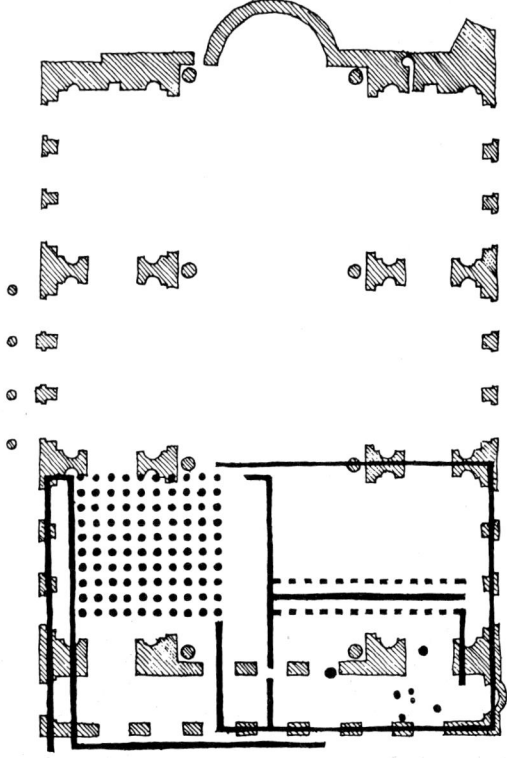

Abb. 306   Grundriß der Basilika mit dem überlagerten Grundriß des Danteums

Besondere Bedeutung bei der Komposition der grundsätzlichen Bauelemente gewinnen auch das Gesetz und die durch die Zahlen 1 und 3, 3 und 7, 1/3/7/10 festgelegte Beziehung: ein numerisches Gesetz, das gedanklich direkt an die philosophische Konstruktion der Göttlichen Komödie anknüpft. Allein durch das Zusammenfallen oder Überlagernlassen dieser beiden Regeln, einer geometrischen und einer numerischen, entsteht bei der Wahl der Maße, der Räume, der Höhen und der Durchmesser Gleichgewicht und Logik. So etabliert sich auch ein plastischer Faktor mit absolutem Wert, der bewußt an die Kompositionskriterien Dantes gebunden ist. Gleichzeitig bedeutet dies aber auch das Gewinnen einer größeren Bedeutung und das Vermeiden der immanenten Gefahr, in die Rhetorik, die Zahlensymbolik, das Konventionelle zu verfallen. [...]

Deutlich demonstrieren drei rechteckige Räume die bereits berücksichtigte Teilung des Rechtecks, das bekanntlich von der Rechteckteilung der Basilica di Massenzio nach dem Goldenen Schnitt stammt. Es bleibt ein vierter Raum übrig, der von den Umfassungsmauern des Bauwerks abgetrennt ist. Da er vom grundlegenden Dreierschema der philosophischen »Konstruktion« der Dichtung ausgespart wird, ist er auch vom architektonischen Organismus ausgeschlossen. Insofern wirkt er wie ein »geschlossener Hof«, der mit dem »hortus conclusus« des typisch lateinischen oder mit dem offenen Atrium des etruskischen Hauses verglichen werden kann. Die Symbolik könnte durch Umsetzung diesem »absichtlich verlorenen« Raum eine Bedeutung hinzufügen. Und man könnte auch von einem Bezug zu Dantes Dasein bis zu seinem 35. Lebensjahr sprechen, das er in Verfehlung und Sünde verbrachte. Da es für die moralische und philosophische Bilanz der Existenz des Dichters »verloren« ist, steht es hier als Beispiel für Reue und Rettung der korrupten und sündigen Menschheit. [...]

Wichtig ist nur, daß Bedeutung und Symbol nicht vorrangig bestimmend sind und sich der effektiven plastischen Notwendigkeit und der vollendeten Harmonie überlagern, die jene »Leere« im Gleichgewicht der verbleibenden architektonischen Massen darstellt.
Hier stehen wir nun tatsächlich vor dem »Wald« der einhundert Marmorsäulen, die auf einem Quadrat von 20 Meter Seitenlänge je ein Element des Saalfußbodens tragen, der 8 Meter über dem Erdgeschoß liegt. Vor allem durch den Eingang zu den Sälen des Danteums wird dieses architektonische Motiv von großer plastischer Wirkung repräsentiert. Die Vision des dantesken Waldes könnte durch die Nähe des offenen Hofes (Dantes Leben vor der überirdischen Reise) und von der Notwendigkeit suggeriert werden, daß ihn der Besucher durchqueren muß, um Räume zu erreichen, die den drei Teilen der Göttlichen Komödie gewidmet sind. Der Eingang zum Gebäude, längsseits zur Fassade zwischen zwei anderen Marmorwänden gelegen und durch eine lange, parallel zur Vorderseite angeordnete Mauer noch unaufdringlicher gestaltet, könnte der Rechtfertigung Dantes entsprechen: »Non so ben come v'entrai« (Ich weiß nicht genau, wie ich hereinkam); ganz gewiß aber bestimmt er den Charakter der Pilgerreise, welche die Besucher – zur Prozession gereiht – antreten müssen. (...)
Dem distributiven Grundrißschema in Kreuzform, das die Teilung in »eins« (offener Hof) und »drei« (große Säle mit Tempelcharakter, die der Darstellung der drei Teile Hölle, Fegefeuer, Paradies gewidmet sind) determiniert, überlagert sich ein Höhenmessungsschema in Dreierform (die drei Säle sind auf drei Ebenen angeordnet, und zwar auf 2,70, 5,40 und 8,10 Meter – lauter Vielfache von 3).
Durchkreuzt werden diese beiden fundamentalen Schemata von einem dritten, das von einem »Längskreuz« gebildet wird. Dieser langgestreckte Raum setzt sich seinerseits wieder aus drei Mauern (alternierend voll und durchlöchert) zusammen, die im oberen Teil jenen Saal umfassen, der der kaiserlichen Konzeption Dantes gewidmet ist.
Dieser Saal von wesentlicher geistiger Bedeutung wird so zum Kern des konstruktiven Organismus, der im progressiven Maße aus der Summe der Räume der Hölle, des Fegefeuers und des Paradieses entsteht. Man könnte ihn deswegen als Mittelschiff des Tempels interpretieren, durch das den kleineren, darunter liegenden Räumen Licht zugeführt wird. Der Bezug zu diesem Thema erscheint klar und direkt:
Letztes Ziel und einziges Mittel, um Menschheit und Kirche vor Verwirrung und Korruption zu retten, ist das von Dante vorausgesagte und verkündete universale und Römische Reich. Die Andeutungen, die Bezüge und die Zitate in den Terzinen des Epos werden beim Übergang von der Hölle zu jenen des Fegefeuers und letztlich des Paradieses immer häufiger. Demnach ist jener Teil der Dichtung, der dieser Vision und dieser Prophezeiung gewidmet ist, progressiv und wird auch bei der architektonischen Struktur der Säle, die das Epos verherrlichen, einer laufenden Steigerung unterliegen.

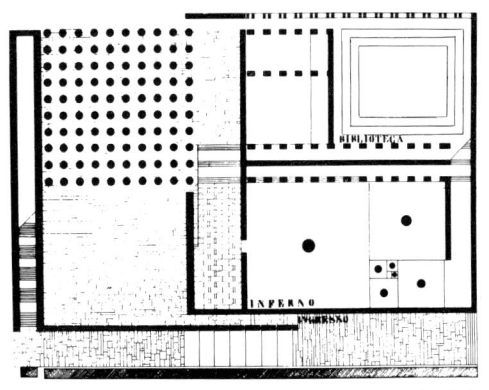

Abb. 307 Danteum, Grundriß Eingangsgeschoß (Hof, Halle der 100 Säulen, Hölle und Bibliothek)

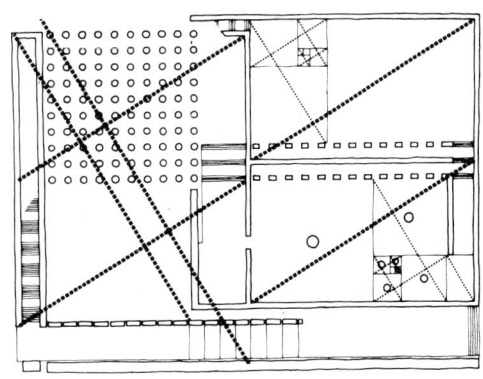

Abb. 310 Anwendung des Goldenen Schnitts im Grundriß mit Proportionsstufen (T. Schumacher)

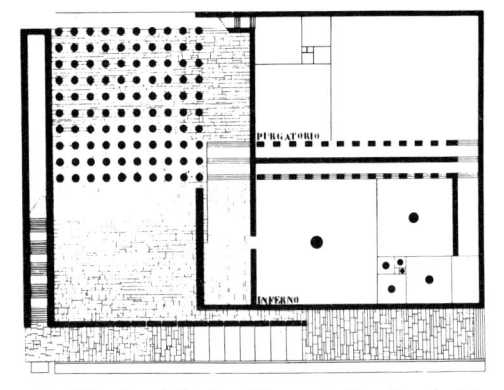

Abb. 308 Grundriß in 6 m Höhe geschnitten (Fegefeuer)

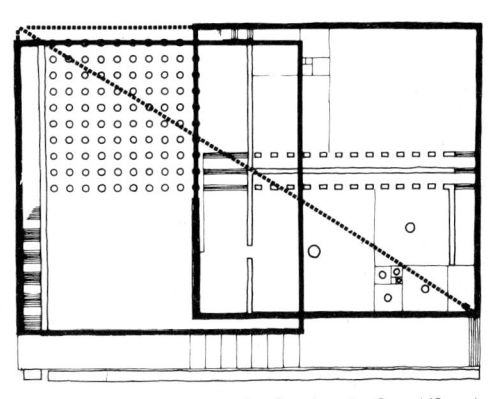

Abb. 311 Das Gleiten zweier Quadrate im Grundriß und die daraus resultierende Diagonale (Goldener Schnitt)

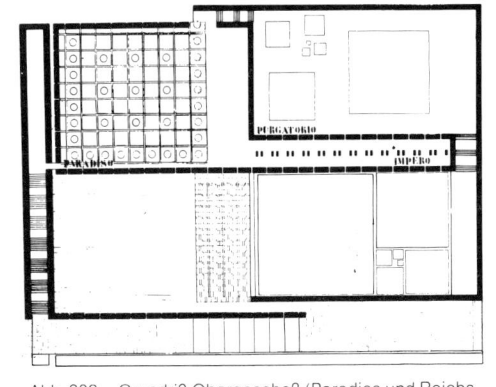

Abb. 309 Grundriß Obergeschoß (Paradies und Reichssaal — Sala dell'Impero)

Abb. 312 Grundriß des Griechischen Senats; Halle mit 100 Säulen von Serlio il Bolognese (1520)

Hier muß an ein Element der architektonischen Komposition des Danteums erinnert werden, das in enger Analogie zu dem Saal steht, der dem Kaiserreich gewidmet ist. Es handelt sich um jene monumentale Mauer, die parallel zur Vorderseite verläuft und auf der Fassade zur Via dell'Impero ein langes, aus übereinander lagernden Blöcken gemeißeltes Fries aufzeigt, wobei die Blöcke jenen der pelasgischen Mauern ähnlich sind, von denen noch wertvolle Spuren auf der griechischen Halbinsel und auf den Ägäischen Inseln erhalten sind. Diese Mauer bildet sozusagen eine Art Schild für das Gebäude, begrenzt eine interne Straße mit leichtem Höhenunterschied, die den Eingang erreicht und den Blick auf das Kolosseum freigibt, wenn man von der Piazza Venezia kommt, aber vor allem die Silhouette der Basilica di Massenzio miteinbezieht. Hier wird jene Lektion über die Universalität des Römischen Reiches offenbart und erläutert, die Dante in »De Monarchia« und im »Convivio« polemisch darstellt, um sie dann in den wundervollen Terzinen der Göttlichen Komödie zu lobpreisen. Die Mauer wurde somit zu einer immensen Tafel, die von 100 Marmorblöcken (je einer für einen der hundert Gesänge) durchwebt ist. Jeder dieser Blöcke verfügt über Maße, die der Zahl der Terzinen entsprechen. Durch ihre Proportionsunterschiede erklärt sich die freie Komposition jenes Typus von Konstruktion, die wir als Erfindung der homerischen Griechen kennen.

Jene Terzinen oder Verse, die Andeutungen, Hinweise oder Allegorien auf das Kaiserreich enthalten, werden auf der Fassade jenes Blocks gemeißelt, der dem Gesang entspricht, aus dem sie stammen.

Abb. 313   Danteum, aus der Vogelperspektive

Auf diese Weise wird dokumentiert bleiben, daß die von der Vorsehung gewollte Koinzidenz, als Standort eines Denkmals für Dante die Via dell'Impero zu wählen, keine größere geistige Übereinstimmung und sichere Prophezeiung hätte finden können.

Vergil erteilt Dante im XI. Gesang eine Lektion, worin die moralische Anordnung der Hölle mit fundamentalen Linien umrissen wird. Dies ist jedoch die aristotelische Auffassung, die der heidnischen und verstandesmäßigen Konzeption Dantes entspricht. Diese moralische Topographie muß daher als Übereinstimmung gelten oder vom Glauben an die göttlichen und an die Kardinaltugenden vertreten werden. Daraus folgt, daß die größten Laster und somit die schlechten Neigungen, die im Gegensatz zu den drei göttlichen und den vier Kardinaltugenden stehen, als die wahren großen Gliederungen der moralischen Struktur der Hölle und des Fegefeuers zu betrachten und auch in der Architektur der Dichtung zu erkennen sind. Es ist die zweite Lektion Vergils über die Ordnung des Fegefeuers (XVII. Gesang) und die exakte Klassifikation der Schuld, die schon im XI. Gesang der Hölle angekündigt wurde, und zugleich die Bestätigung der richtigen Entsprechung zwischen den sieben Rahmen des Fegefeuers und den neun Kreisen der Hölle. Dies ist keine paradoxe Behauptung, weil in der Hölle die von den sieben

Todsünden ausgelöste Schuld und im Fegefeuer nur die moralischen Flecken bestraft werden. Es erscheint logisch, daß der junge Dante eine analytische Klassifizierung verfolgte und auch zu Unterteilungen neigte. Diese Voraussetzungen sind notwendig, um eine erschöpfende Erklärung der architektonischen Komposition der beiden Säle des Fegefeuers und der Hölle – so wie sie in den Skizzen für das Danteum aufscheinen – geben zu können.

Wir haben schon gesehen, daß der Grundriß jedes dieser Säle mit einem Rechteck in der Proportion zum Goldenen Schnitt übereinstimmt, das wiederum einem Viertel der Oberfläche des Rechtecks im Goldenen Schnitt entspricht, welches die gesamte Konstruktion bestimmt.

Das Gesetz der Einheit und der Dreieinigkeit ist daher in der Form des Rechtecks enthalten, so wie auch die »symmetrische Gliederung« der Dichtung rigoros respektiert wird. 3 Teile mit 33 Gesängen und 1 Einführungsglied. Die daraus resultierenden 100 Gesänge entsprechen dem Quadrat von 10, Symbol der Perfektion ($3 \times 3 \times 3 + 1$).

Das auf der Terzine basierende Maß wird als Analogie bei der Unterteilung der Marmorblöcke der Gebäudehauptmauern wiederaufgenommen.

Jede dritte Schichtung mit gleicher Höhe hat ein Bandgesims als Grenzlinie, das je einem Niveau der drei Säle entspricht, weshalb Fußböden und Decken der vier Räume für die Darstellung des irdischen Lebens von Dante bestimmt sind. Von der Hölle, dem Fegefeuer und dem Paradies werden auf der Fassade sieben Bandgesimse betont, welche die in regulären Dreierschichtungen angeordneten Marmorquader unterbrechen.

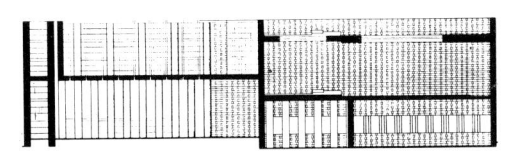

Abb. 314  Danteum, Längsschnitt

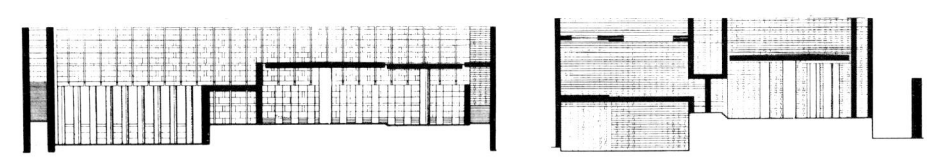

Abb. 315  Längs- und Querschnitt

Sieben sind die Hauptlaster, sieben die göttlichen und die Kardinaltugenden (3+4), sieben die Tage, die Dante für die allegorische Reise benötigte, die am 7. April 1300 (Gründonnerstag des Jubeljahres) begann.

Obwohl bei der Wandgliederung und bei den grundlegenden Maßen der Säle – z. B. Höhe vom Fußboden zur Decke 8,10 Meter (81 Zentimeter entsprechen $3 \times 3 \times 3 \times 3$ Zentimeter) – die Verbindung des architektonischen und konstruktiven Faktors der numerischen Gesetze der Symmetrie vorhanden ist, kann dadurch die Struktur der Säle nicht genügend erklärt werden. Dazu muß man sich auf das generelle Thema beziehen und zwei Begriffe berücksichtigen:
1) die Suche nach dem Wesentlichen bei der Interpretation der Dichtung im Gegensatz zu den Bedeutungen: im literarischen – allegorischen – analogischen Sinn des Arguments;
2) die Charakteristik einer Architektur und Definition des Typs eines monumentalen Bauwerks, welches gleichzeitig zwei oder mehrere historisch bereits fixierte Typen wie Tempel, Museum, Grabstätte, Palast, Theater vereinigt.

Die literarische Bedeutung bezieht sich auf die Beschreibung einer überirdischen Reise, die zum Zyklus der mittelalterlichen Dichtungen über das Schicksal des Menschen gehört (Reise des Hl. Paulus, Fegefeuer des Hl. Patricius usw.). Sowohl im künstlerischen als auch im christlichen Sinn soll die Vollkommenheit erreicht werden.

Die allegorische Bedeutung bezieht sich auf die moralische Besserung Dantes (sündige Menschheit) durch die Betrachtung der Schuld (Hölle), der Sühnehandlung der Reue (Fegefeuer) und der Gnade (Paradies). Der analogische Sinn bezieht sich auf die Vision der ewigen Glückseligkeit der Menschheit (vereint in der Person Dantes), die durch den Wiederaufbau des Römischen Reiches erreicht wird. Sitz des Reiches ist Rom für das irdische Wohlergehen und die moralische Wiederherstellung der Kirche, die von der weltlichen Macht, welche die geistige Glückseligkeit verunreinigt, befreit ist. Die Suche nach dem Wesentlichen in diesen drei Bereichen führt uns zur Betrachtung der eminent didaktischen Zielsetzung des Werkes. Und dies könnte als »Vorwand« für das Kunstwerk gelten, wenn wir die wunderbare Epoche, in der wir leben, sowie die Bestätigung der prophetischen Begabung Dantes nicht klar vor unserem geistigen Auge hätten. Die Lobpreisung der Göttlichen Komödie mit einem architektonischen Baudenkmal ist daher ein lebendiges Werk und nicht mühevolle Anstrengung eines Gelehrten oder Phantasie eines Regisseurs. Deshalb muß das von uns entworfene Bauwerk in erster Linie Tempel und nicht Museum, nicht Palast und nicht Theater sein; ein Tempel, der in drei Säle gegliedert ist, die auf verschiedenen Ebenen einen steigenden Verlauf darstellen und – obgleich unterschiedlich konstruiert – sich gegenseitig integrieren, wobei sie den Besucher stufenweise auf eine Sublimierung der Materie und des Lichts vorbereiten.

Abb. 316    Danteum, Saal der Hölle

Abb. 317    Saal des Fegefeuers

Im drückenden und spärlich (durch Deckenschlitze) beleuchteten Saal der Hölle soll der Besucher schon beim ersten Kontakt in jene geistige Atmosphäre voll Staunen versetzt werden, die aufgrund der einzigartigen und suggestiven Anordnung der sieben monolithischen Säulen hervorgerufen wird, welche jeweils einen der sieben Blöcke tragen, in die sich die Steindecke teilt. Geprägt wird diese Gliederung durch die rigorose Anwendung der Harmonielehre im Goldenen Schnitt. Daraus entstehen Quadrate mit einer stufenweise Verringerung der Oberfäche, deren Zahl uns unendlich ist. Um diese Zerlegung für die praktische Verwirklichung anwenden zu können, haben wir diese Zahlenkombinationen beim siebenten Quadrat blockiert. Auf das erste Quadrat mit 17 Meter Seitenlänge folgt schließlich das siebente mit 70 Zentimeter Seitenlänge. Die durch das Zentrum dieser Quadrate laufende Linie ist spiralförmig (wie Dantes Reise durch den Schlund der Hölle und das Gebirge des Fegefeuers in der Göttlichen Komödie). Daraus ergibt sich die Disposition eines Saales mit Säulen, der an die konstruktiven Kriterien der orientalischen, griechischen und italienischen Antike, an den ägyptischen Saal, an das etruskische Grab anknüpft. Hier wird dem Gedanken Dantes zugestimmt, der uns die moralische Struktur der Hölle (durch die Lektion Vergils im XI. Gesang) als Wiederaufnahme der heidnischen aristotelischen Philosophie beschreiben möchte. Das Gefühl der Drohung, der Leere, die sich durch eine schreckliche Erderschütterung beim Sündenfall Luzifers unter der Erde gebildet hat, kann hier durch die immanente Saaldecke plastisch wiedergegeben werden. Diese zertrümmerte Decke und auch der zergliederte Fußboden in abfallenden Quadraten, das durch die Schlitze der Deckenblöcke einfallende Licht vermitteln jenen Eindruck der qualvollen Katastrophe und des vergeblichen Wunsches nach Licht und Sonne, die wir oft in den schmerzbewegten Gesprächen der von Dante befragten Sünder finden. Der Durchmesser der sieben Säulen entspricht daher dem Gewicht, das sie tragen müssen, und ihre Stärke variiert deshalb von 240 cm bis 48 cm, wobei sie ungeordnet im Saal verteilt scheinen. Die imaginäre Linie, die sie verbindet, ist die Spirale. Sie garantiert jene tatsächlich nicht willkürliche Einteilung und erzielt einen sicheren plastischen Effekt.

Im Fegefeuer – das Gesetz der Vergeltung, das Dante in den beiden Systemen deutlich hervorhebt: Strafe und Sühne in den beiden Reichen Hölle und Fegefeuer werden durch die perfekte Entsprechung zwischen Decke und Fußboden der beiden Säle plastisch dargestellt. Im ersten Saal ist ein Fußboden vorgesehen, der das Muster der Teilung in sieben Quadrate des Rechtecks der Decke wiederholt und mit sieben Höhenunterschieden der sieben Absenkungen der Deckenblöcke übereinstimmt. Es scheint aber angebracht, von einer andren Anpassung zu sprechen, um eine exakte Erklärung der plastischen Gestaltung des zweiten Saales geben zu können.

Dante stellte sich das Fegefeuer als Berg vor, als konischen Stamm mit sieben Abstufungen oder Rahmen. Seine Entstehung erfolgte aus der südlichen Halbkugel nach der Vertreibung Luzifers aus dem Reich, der auf die Erde stürzte und so auf der gegenüberliegenden nördlichen Halbkugel den Höllenschlund schuf.

Im Zentrum der Oberfläche dieser ganz mit Erde bedeckten Halbkugel liegt Jerusalem, d. h. an den Antipoden des Berges des Fegefeuers, der auf einer Insel auf der gegenüberliegenden, mit Wasser bedeckten Halbkugel liegt. Wir haben schon den Parallelismus zwischen der moralischen Topographie der Hölle und jener des Fegefeuers betont, zusammengefaßt durch das numerische Gesetz der Zahl 7. Nun muß die physische, materielle und plastische Entsprechung zwischen der »Leere« des Höllenschlundes und dem »Vollen« des mystischen Berges des Fegefeuers hinzugefügt werden.

Beim Entwerfen der Säle des Danteums hielten wir es für angebracht, diese fundamentalen Konzepte zu respektieren, jedoch unter Vorbehalt einer Freiheit der Wahl und der Synthese bei der plastischen Komposition der Räume. Der nach dem II. Teil benannte Saal zeigt daher Analogien zu dem vorherigen. Die Rechteckgliederung nach dem Goldenen Schnitt in sieben aufeinander folgende Quadrate ist identisch, aber umgekehrt in der Richtung (um den vom Besucher zurückzulegenden Weg zu verfolgen). (...)

Das moralische Gefüge des Fegefeuers ist unvergleichlich einfacher als jenes der Hölle, und der dem ersteren gewidmete Saal erscheint weitaus hoffnungsvoller und offener als der vorangehende. Im II. Teil wird es dem Göttlichen Poeten durch Sühnehandlung und Buße ermöglicht, Szenen und Allegorien menschlich und oft auch mit Sanftmut darzustellen. Er selbst beteiligt sich an der Sache der Sünder und erhält auf seiner Stirn vom Schwert des Engels aus dem ersten Rahmen die Zeichen der sieben Todsünden, die nach und nach von den Schutzengeln aus den anderen Rahmen des Berges getilgt werden. Die Szene, die wir vorbereiten möchten, um den II. Teil würdevoll präsentieren zu können, verzichtet nicht auf diese poetische Anregung und bedient sich auch des ausreichenden Lichts: Breite Sonnenstreifen fallen durch die Deckenöffnungen ein und schaffen rund um den Besucher ein heilbringendes Gefühl des Trostes, lenken seinen Blick gen Himmel, der aber noch von einer geomantischen Blende unterteilt ist. (...)

Thomas L. Schumacher kann beigepflichtet werden, wenn er als Terragnis Vorbild bei der Gestaltung des Paradies-Saales das Gemälde »La Sala di Bacio« von Bertoia (entstanden zwischen 1566 und 1577) nennt. In beiden Fällen wird das Element der durchsichtigen Säule verwendet als Ausdruck des höchsten Glücks, das sich nicht zu verstecken braucht, sondern für alle sichtbar sein will.

Abb. 318   »Sala del Bacio« (Saal des Kusses) von Bertoia (1562—63), Palazzo del Giardino in Parma

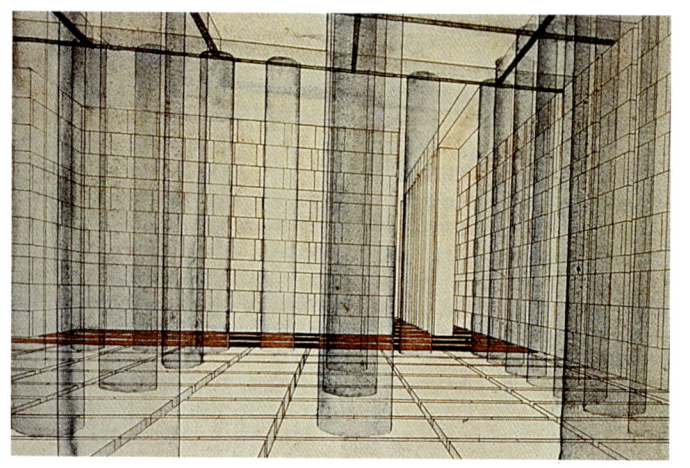

Abb. 319   Danteum, Saal des Paradieses mit den durchsichtigen Säulen und dem Metallraster (transparentes Symbol einer Abdeckung)

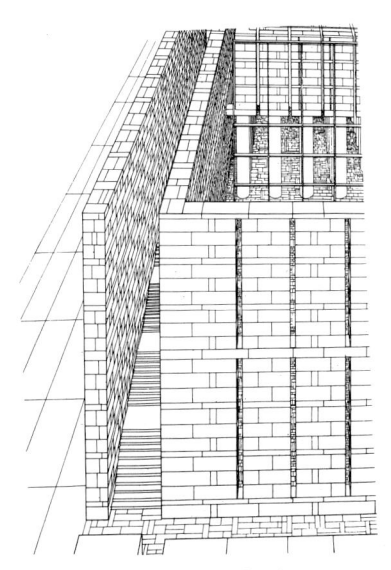

Abb. 320   Treppenanlage als abschließender Abgang zum Ausgang

# SCHLUSSWORT

Jedes einzelne seiner Werke ist eine Schatzkammer, in der man neues technisches und künstlerisches Formengut finden kann; ein Nährboden, auf dem manchmal mit unorthodoxen Mitteln, aber mit hoher Intelligenz und leidenschaftlicher Begeisterung Erfahrungsexperimente gedeihen; ein Feuerwerk neuer Einfälle und Erfindungen, die später von anderen aufgegriffen und bisweilen mit offensichtlicheren Resultaten wiederholt werden.
»Seine Phantasie, die schier unerschöpflich schien, veranlaßte ihn, nach immer komplexeren und vielfältigeren Gestaltungsformen zu suchen, die aber niemals den Rahmen der funktionellen Klassik Gewicht zu verleihen scheint.«[41]
Durch bestechende Harmonie zeichnen sich seine bedeutendsten Werke aus, eine Harmonie, die in der vorbildlichen Anwendung der Formen im rechten Winkel ihren Ursprung hat; eine mediterran geprägte Harmonie, die aber nicht abgeklärt, unbeschwert und unerschütterlich ist wie jene der hellenistischen Architektur, sondern von einer rätselhaften Spannung belebt wird, welche in eigenartigem Kontrast zur rigorosen Ordnung der Linien und der rechteckigen Grundrisse steht.
Diese intensive innerliche Lebhaftigkeit, diese geheimnisvolle Spannung offenbart den schmerzhaften Zusammenprall von fruchtbarer, kreativer Phantasie und der starren Disziplin der professionellen Ordnung.
Zwischen diesen beiden extremen Polen, zwischen dem entfesselten Drang und der eisernen Disziplin, zwischen Phantasie und Ordnung, beleuchtete die Flamme der Kunst Terragnis sein qualvolles Drama.
1954 – Terragni wäre in diesem Jahr fünfzig geworden – schrieb Libero Guarnieri: »Seine Architektur war immer geprägt vom aufrichtigen Stempel einer methodischen und humanen Suche nach den funktionalen Konstruktionsansprüchen: Sie war ausgesprochen antirhetorisch, sachlich und quantifizierbar – sich so auszudrücken, war eines der wesentlichen Ziele seines Lebens.«[42]

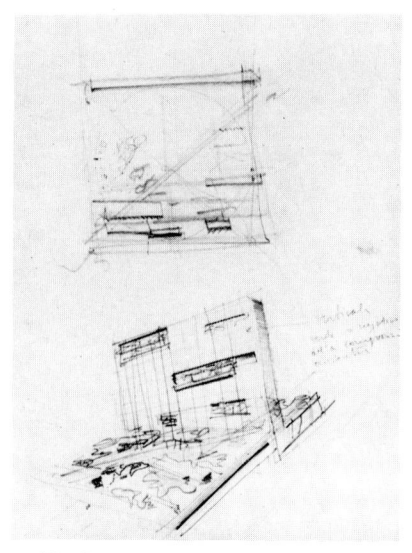

Abb. 321  Glaspalast bei E 42, G. Terragni (1939)

Abb. 322   Skizze »Tanzende Figuren«, G. Terragni

»Aber Architektur ist Grenze (vielmehr die ganze Kunst). Architektur ist die Bestimmung genauer Raumsituationen aus dem Rest des Unendlichen.«[43]

# Die Kontinuität Terragnis

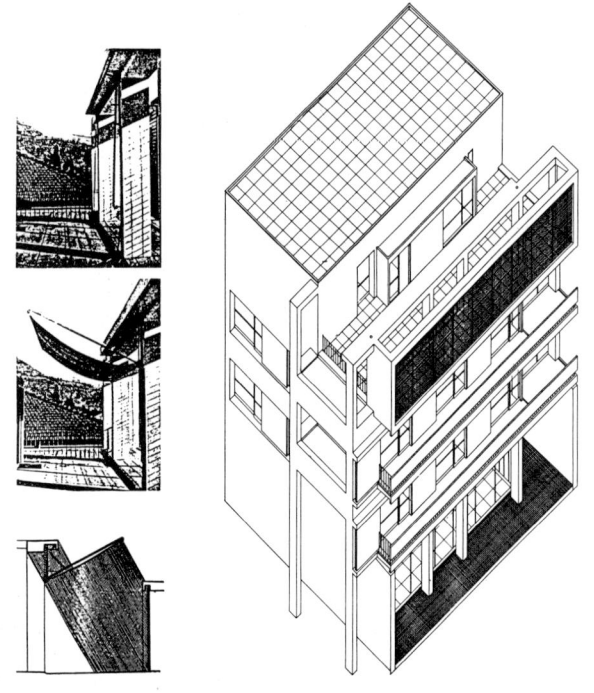

Abb. 323   Appartementhaus in Cernobbio, C. Cattaneo (1938—39)

## Cesare Cattaneo

Neben zahlreichen anderen arbeitete auch Cesare Cattaneo in der Tradition Terragnis. Leider wurde seine schöpferische Tätigkeit bis heute zu wenig beachtet, obwohl man leicht ein Buch über seine intensiven, prägnanten individuellen Entwürfe schreiben könnte.

Cattaneo, ein echter Zeitgenosse Terragnis, starb nur knapp einen Monat nach seinem ehemaligen Studienkollegen am Mailänder Polytechnikum. Er arbeitete an verschiedenen Projekten Terragnis mit.

Abb. 324   Appartementhaus in Cernobbio

Abb. 325   Sitz des Verbandes der Industriearbeiter (1938—39)

Zwei seiner bemerkenswertesten Projekte seien hier erwähnt, ein realisiertes und eines, das nur als Entwurf existiert.
Der neue Sitz des Verbandes der Industriearbeiter (Abb. 325) in Como (1938–1941) ist beispielhaft für Geist und Konzeption des Razionalismo. Unmittelbar hinter dem Casa del Fascio errichtet, beinhaltet es die Büros der verschiedenen Sektionen (Metallarbeiter, Textilarbeiter, ...) sowie der Branchenkrankenkassen nebst ärztlichen Ambulatorien usw. Die Architektur des Bauwerks drückt den Wunsch nach Klarheit und Bescheidenheit aus. Sie gehorcht den strengen Gesetzen der Geometrie, der plastischen Einheit, der soliden konstruktiven Ehrlichkeit. Der Grundriß ist rational organisiert.
Das zweite Projekt (Abb. 326) betrifft einen Hotelkomplex in Ivrea; leider wurde es nicht realisiert. Mit seiner streng linearen und herb konsequenten Schönheit erscheint es mir als perfekte Darstellung des rationalistischen Credos. Es kann durchaus neben El Lissitzkys Wolkenbügel bestehen.

Abb. 326   Projekt eines Hotels in Ivrea, C. Cattaneo (1942)

Abb. 327 Mädchenheim in Vesna (Brno), Bohuslav Fuchs (1929—30)

# Bohuslav Fuchs

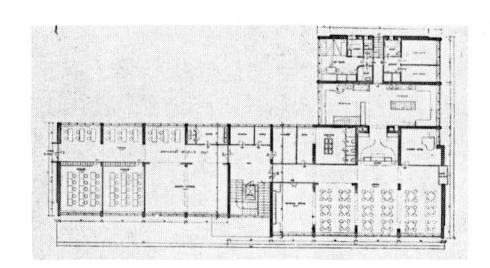

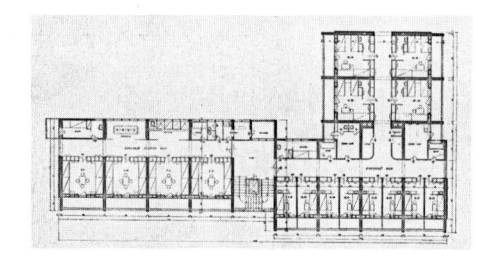

Abb. 328 Mädchenheim in Vesna, Grundrisse

## L. Figini und G. Pollini

Abb. 329  Wohn- und Bürogebäude in der Via Borletto, Mailand, L. Figini und G. Pollini (1947—48)

# Enea Manfredini

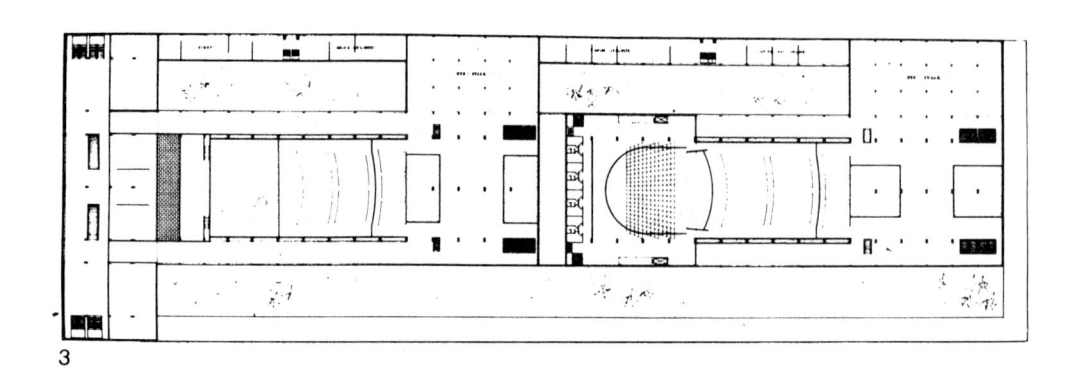

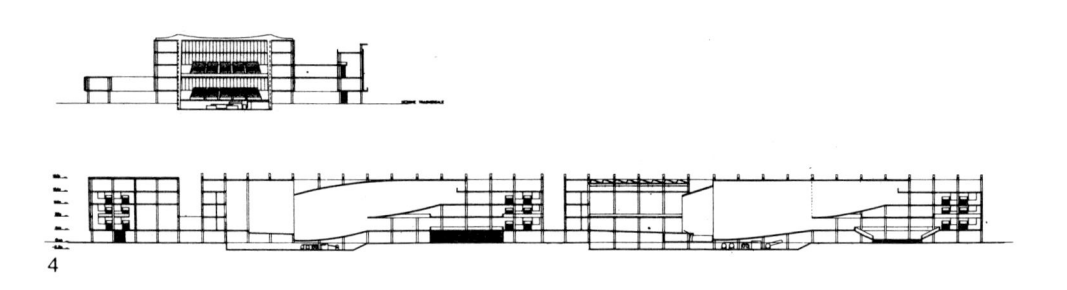

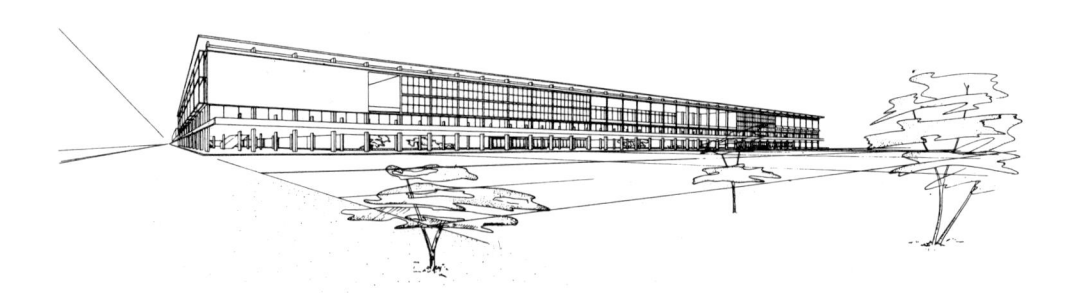

Abb. 330  Projekt eines Kulturzentrums, Mailand, Enea Manfredini (1940)

Abb. 331　House IV

# Peter Eisenmann

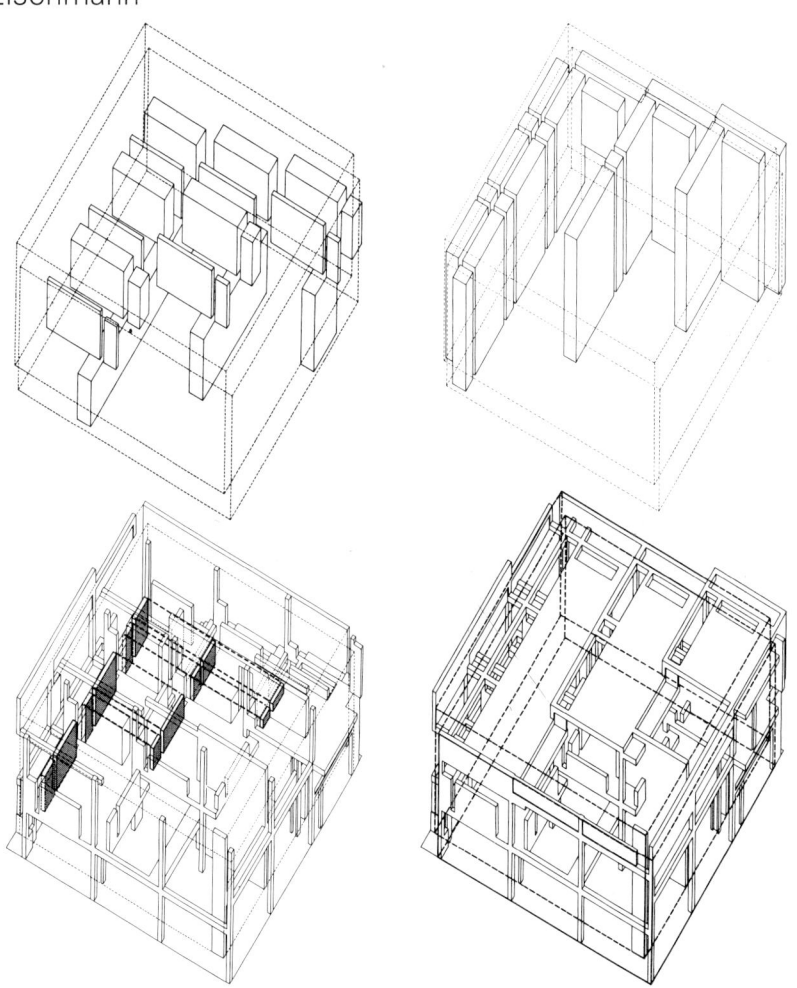

Abb. 332　House IV, Transformation der Volumina, P. Eisenmann (1971)

# Franco Purini, Laura Thermes

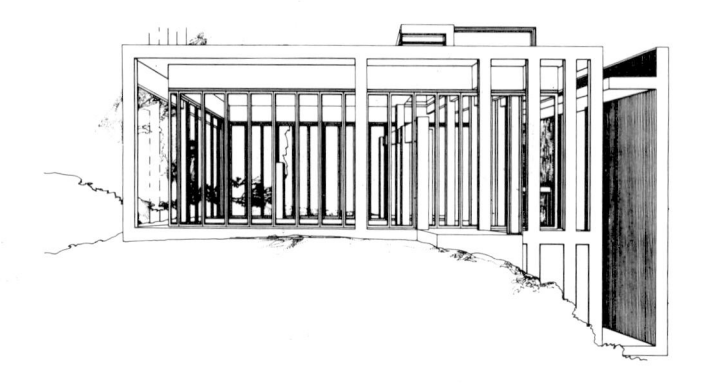

Abb. 333  Projekt eines Pavillons in Stahl und Glas, F. Purini (1977)

Abb. 334  Revitalisierung des Flughafens von Testaccio, Rom, F. Purini, Laura Thermes

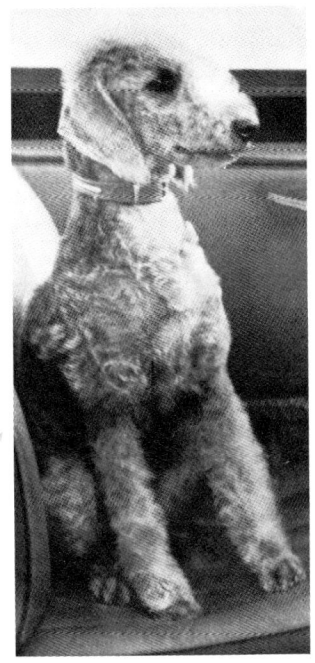

Abb. 335   »Duci«, Terragnis treuer Hund

An der Meisterschulexkursion vom Juni 1985 nahmen teil:

Franco Fonatti (Leitung)

Walter Achatz, Giorgio Azzoni, Emanuela Hualla, Martin Kohlbauer, Markus Ostertag, Hannes Rohacek, Klaus Stattmann, Silnia Tillner, Rudolf Weber.

Mein Dank gilt all denen, die mir bei der Materialsammlung hilfreich zur Seite standen; ganz besonders möchte ich mich aber bei folgenden Förderern bedanken: Atelier Terragni in Como, Il Nodo, Mario Radice; Bundesministerium für Wissenschaft und Forschung; Hochschulstipendienstiftung der Akademie der bildenden Künste in Wien.

# Werksverzeichnis

## 1926

Ansicht der Eingangsfassade vom Hotel Metropole Suisse in Como

Zweistufiger Wettbewerb für das Gefallenendenkmal von Como (mit P. Lingeri)

Projekt für das Haus G. Saibene, Como (1925—26)

## 1927

Entwurf für ein Gaswerk in Como

Wohnhaus Novocomum, Como

Entwurf für eine Rohrgießerei

## 1928

Entwurf für ein Tennisclubhaus in Olgiate-Comasco

Gefallenendenkmal in Erba (Como, 1928—1932)

Innenausstattung für das Verbandshaus der Landwirte

## 1929

Damenfriseursalon in Como

Eßzimmereinrichtung (mit P. Lingeri)

## 1930

Grab Ortelli in Cernobbio (Como)

Virtum, Geschäft in Como

Vorführsaal der »Schneiderei« bei der IV. Biennale in Monza

Projekt für den Ghislanzoni-Flughafen in Como

## 1931

Gefallenendenkmal in Como (1931–1933)

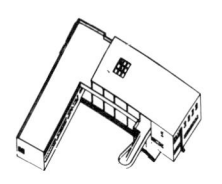

Entwurf für einen Kindergarten (Asilo S. Elia)

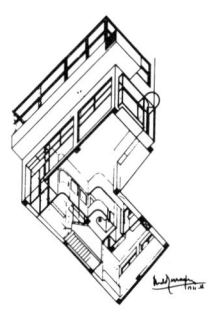

Entwurf für das Palasthotel in Como

## 1932

»Sala del '22«, Ausstellung der faschistischen Revolution in Rom (mit E. Arrigotti)

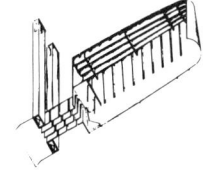

Entwurf für eine Kathedrale in Stahlbeton

»Casa del Fascio« in Como (1932–1936)

Entwurf für ein Ferienhaus

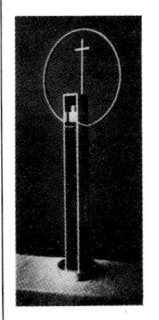

Sakrale Gegenstände

## 1933

Wettbewerb für die Markthallen in Como

Wettbewerb für ein Schulhaus in Lecco (mit M. Cereghini)

Ferienhaus für einen Künstler am See, zur V. Triennale realisiert (mit P. Lingeri, M. Cereghini, G. Giussani, G. Mantero, O. Ortelli, A. Dell'Acqua, C. Ponci)

Haus Ghiringhelli, Lavezzari, Rustici in Mailand (mit P. Lingeri)

## 1934

Wettbewerb für ein Schulhaus in Busto Arsizia (mit L. Mosca)

Städtebaulicher Wettbewerb für Como (mit P. Bottoni, C. Cattaneo, L. Dodi, G. Giussani, P. Lingeri, M. Pucci, R. Uslenghi)

Zweistufiger Wettbewerb (I. Stufe) für den Palazzo Littorio in Rom (Projekt A und B, mit A. Carminati, P. Lingeri, M. Nizzoli, E. Saliva, M. Sironi, L. Vietti)

Haus Lavezzari (mit P. Lingeri)

Sportausstellung in Mailand:

Saal des Wassermotorsports (mit P. Lingeri und C. de Amicis)

Saal des Rudersports (mit P. Lingeri und M. Radice)

## 1935

Roberto-Scarfatti-Denkmal auf dem Col d'Echèle

Haus Rustici-Comolli (mit P. Lingeri)

Projekt für das Werkgelände und die Studios von Cinecittá

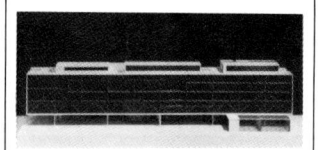

Entwurf für die Neue Akademie in Brera, Mailand (mit P. Lingeri, L. Figini, G. Pollini und Mariani)

## 1936

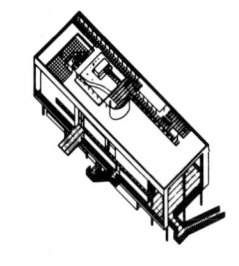

Entwurf für ein Haus am See

Grab Pirovano in Como

Kindergarten Sant'Elia in Como (1936—37)

Villa Bianca in Seveso (1936—37)

Haus eines Blumenzüchters in Rebbio (Como, 1936—37)

## 1937

Zweistufiger Wettbewerb (I. Stufe) für das Festhaus beim E. '42 (mit C. Cattaneo und P. Lingeri)

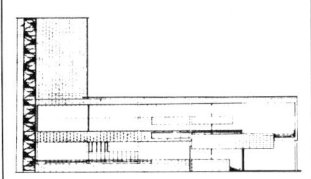

Wettbewerb für eine Bibliothek in Lugano (mit P. Lingeri)

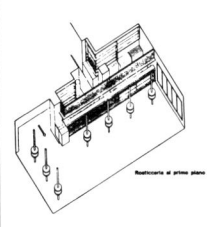

Entwurf für das »Café-Restaurant Campari« in Mailand (mit P. Lingeri und A. Sartoris)

II. Stufe des Wettbewerbes für den Palazzo Littorio in Rom (mit A. Carminati, P. Lingeri, M. Nizzoli, E. Saliva, M. Sironi, L. Vietti)

Haus Pedragli in Como

## 1938

II. Stufe des Wettbewerbes für das Festhaus beim E. '42 (mit P. Lingeri und C. Cattaneo)

Entwurf für das Danteum in Rom (mit P. Lingeri)

Projekt für eine Trabantenstadt bei Rebbio (Como, mit A. Sartoris)

Entwurf für den neuen Eingang der »Fiera di Milano« (Mailänder Messe, mit P. Bottoni, P. Lingeri, G. Mucchi, M. Pucci)

»Casa del Fascio« in Lissone (1938—39, mit A. Carminati)

Entwurf für die Werkzeugfabrik Tavolazzi-Fumagalli in Missaglia (1938—39)

## 1939

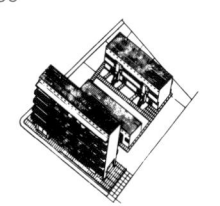

Projekt zur Errichtung eines Sozialwohnblocks in der Via Anzani in Como

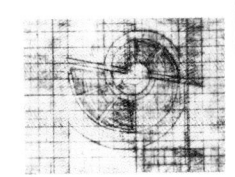

Entwurf für ein Lichtspielhaus

Wohnhaus Giuliani-Frigerio in Corno (1939—40)

## 1940

Entwurf für das Grab Membretti in Como

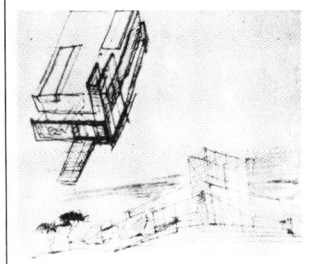

Entwurf für die »Casa del Fascio« im römischen Stadtviertel Trasteverino

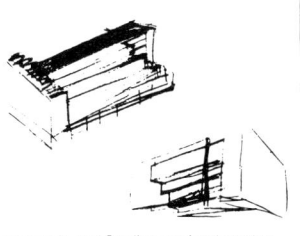

Entwürfe und Studien zu abgetreppten Häusern

Projekt für die Sanierung des Stadtviertels Cortesella und für die Piazza Cavour in Como

Projekt für ein Ferieninternat

Entwurf für die Erhaltung und die Eingliederung des Hauses Vietti im Stadtviertel Cortesella in Como

Entwurf für ein Ausstellungsgebäude in Lissone

Projekt für die Seidenhochschule in Como

Entwurf für ein Lichtspielhaus

Projekt für das Forschungszentrum der U.V.I. (Unione Vetraria Italiana)

Entwurf für eine Tankstelle

Entwurf für die Ausstellung der FF. SS. bei der E. '42 in Rom

Projekt für das Erweiterungsgebäude der Akademie in Brera (mit P. Lingeri)

# Anmerkungen

[1] MIAR – Movimento Italiano per l'Architettura Razionale (Italienische Bewegung für rationale Architektur). Organisation der rationalistischen italienischen Architekten. Ausstellungen und Publikation von Projekten von 1928 bis 1931 (Jahr der Auflösung). Mitglieder waren u. a.: Giuseppe Terragni, Luigi Figini, Gino Pollini, Mario Ridolfi, Luigi Piccinato, Edoardo Persico, Giuseppe Pagano, Giovanni Michelucci, Franco Albini, Ignazio Gardella, die Gruppe BBPR (Banfi, Belgiojoso, Peressutti, Rogers).

[2] »La Ronda« – von 1919 bis 1923 veröffentlichte Monatsschrift, als deren Direktoren Vincenzo Cardarelli und A. E. Saffi fungierten. Redakteure waren Ricardo Bacchelli, Emilio Cecchi und derselbe V. Cardarelli. Spielte eine wichtige Rolle bei der kulturellen und expressiven Evolution und Fortbildung des italienischen literarischen Ambientes nach dem Ersten Weltkrieg.

[3] »Valori Plastici« – Kunstzeitschrift mit internationalem Charakter, zwischen 1919 und 1921 vom Direktor Mario Broglio herausgegeben. Die wichtigsten Mitarbeiter waren Carlo Carrà, Giorgio De Chirico, Alberto Savinio, Emilio Cecchi, Giorgio Morandi, Riccardo Bacchelli, Ardengo Soffici, Pablo Picasso, George Braque, Archipenko, Jean Cocteau, Blaise Cendrars, André Breton, Louis Aragon, Le Corbusier. Die Zeitschrift wurde zum zentralen Moment des künstlerischen Dialogs in Italien und spielte eine entscheidende Rolle im Rahmen der Behauptung der neuen malerischen Theorien von Carrà, De Chirico und Morandi.

[4] Architetti del Novecento – werden die Mailänder Architekten genannt, die im Laufe der zwanziger und dreißiger Jahre tätig sind und eine Fortbildung der architektonischen Kultur mit Liberty-Einfluß propagieren. Sie geben sich also als gemäßigte Avantgarde, welche die Werte der Tradition und der Geschichte der Architektur bestätigt.

[5] »Richiamo all'ordine« – (wörtlich: Wir rufen zur Ordnung. Aufruf zur Ordnung; Ordnungsruf). Kulturelle Tendenz mit europäischem Charakter, die sich zwischen den Weltkriegen entwickelt. Tendenz zum Unterstreichen der Werte der Geschichte. Zielsetzung: Wiedergewinnung des Wesens der Formen des Realen. Arbeitet mit dem Mittel der formalen Vereinfachung, die zu den elementaren Charakteristiken oder zur geometrischen Strenge der Abstraktion führt.

[6] »Pittura Metafisica« – Orientierung der Malerei von De Chirico und Carrà während der ersten zehn Jahre unseres Jahrhunderts. Drückt mit erkennbaren Formen den Willen zur Entfremdung von der Wirklichkeit und der Geschichte aus. Kann als literarische Suggestion des Mysteriums, des Rätsels gedeutet werden.

[7] G. Muzio, L'Architettura a Milano intorno all'800 (Die Architektur in Mailand um 1900) in »Emporium«, Mai 1921, Band LIII.

[8] Marcello Piacentini, römischer Architekt. Während der ersten Jahre seiner Tätigkeit nahe der Wiener Sezession. Wird während des Faschismus zum wichtigsten Exponenten der offiziellen Architektur und drückt durch einen monumentalen Stil des Rhetorik des Regimes aus. Als Urbanist ist er für den Flächenwidmungsplan von Rom im Jahr 1931 zuständig, weiters für zahlreiche Interventionen des Abbruchs und Wiederaufbaus in Rom und anderen wichtigen Städten.

[9] Novecento pittorico – Künstlergruppe, die vom Kritiker und Journalisten Margherita Scarfatti vereint wurde und sich zusammensetzte aus Anselmo Bucci, Leonardo Dudreville, Achille Funi, G. Emilio Malerba, Pietro Marussig, Ubaldo Oppi und Mario Sironi. Sie versuchen sich als Interpreten der modernen italienischen Kunst in entscheidend traditioneller und wirklichkeitsnaher Form.

[10] »Gruppo 7« – setzte sich aus den rationalistischen Architekten Giuseppe Terragni, Sebastiano Larco, Carlo Rava, Guido Frette, Luigi Figini, Gino Pollini, Adalberto Libera zusammen. Erster konkreter Akt des italienischen Rationalismus in Harmonie mit den Tendenzen der europäischen Architektur.

[11] Gruppo 7, in »La Rassegna italiana«, Dezember 1926 – Februar/März 1927.

[12] Massimo Bontempelli – Schriftsteller und Journalist aus Como. Freund Terragnis und wichtiger Mann in der kulturellen italienischen Debatte der Zwischenkriegszeit. Autor sensibler und geheimnisvoller Romane, die zum sog. »magischen Realismus« zählen, in der Konzeption der Tendenz der metaphysischen Malerei nahestehend.

[13] Gruppo 7, a. a. O.

[14] Alberto Savinio – Maler, Musiker, Schriftsteller, Journalist, Philosoph und Theaterkritiker, Bruder Giorgio De Chiricos. Zentrale Persönlichkeit für die Definition der italienischen metaphysishen Poetik. Mitarbeiter der Zeitschriften »La Voce« und »Valori Plastici«. Entscheidende Beiträge zur Schaffung einer originalen Kulturavantgarde in Italien. Gehört ferner zu den Wegbereitern des französischen Surrealismus.

[15] Gruppo 7, a. a. O.

[16] Edoardo Persico – zählte in jenen Jahren zu den intelligentesten und progressivsten Architekturkritikern. Direktor von »Casabella«, der renommiertesten italienischen Architekturzeitschrift. Mit seinen Schriften, Interventionen und Polemiken zugunsten der neuen Architektur beflügelte er zahlreiche junge Architekten.

[17] Galleria del Milione – im Jahr 1930 vom abstrakten Maler Gino Ghiringhelli und dessen Bruder Peppino eröffnet, von Edoardo Persico geleitet. Sie wurde zum wichtigsten Ausstellungsort abstrakter italienischer und europäischer Kunst. Sammelbecken der Künstler aus der Mailänder Gruppe: Fausto Melotti, Atanasio Soldati, Luigi Veronesi, Osvaldo Licini und Lucio Fontana.

[18] Umbro Apollonio, »Der Futurismus«. Manifeste und Dokumente, Du Mont, Schauberg 1972. S. 212–217.

[19] Gruppo 7, a. a. O.

[20] ebd. Gruppo 7.

[21] G. Pasquali e P. Pinna, »SABAUDIA, documenti di una città Fondata«, Biblioteca Comunale, August 1980.
[22] Giulio Carlo Argan, »Metron« Nr. 18, 1947.
[23] Luigi Zuccoli, »L'Architettura Cronache e Storia« Nr. 163, 1969, S. 9.
[24] Giuseppe Pagano, »La Casa Bella« Nr. 27, März 1930.
[25] Bruno Zevi, »Giuseppe Terragni«, Zanichelli Bologna 1980. S. 54.
[26] Gruppe abstrakter Künstler aus Como: Mario Radice, Manlio Rho, Carlo Badiali, Aldo Galli, koordiniert und verbunden mit den Architekten Terragni, Cesare Cattaneo und Pietro Lingeri, die einen ähnlichen, aber autonomen Weg im Gegensatz zur Mailänder Gruppe verfolgen.
[27] Enrico Mantero »Il Razionalismo Italiano«, Zanichelli 17, Bologna 1984.
[28] L'Architettura Cronache e Storia, Nr. 163, Mai 1969.
[29] Peter Eisenmann, »Dall'oggetto alla relazionalità«, Casabella 344, Januar 1970.
[30] Roland Barthes, »The activity of Structuralism«, Form 1. 1966, Cambridge, England, S. 12–14.
[31] Primitivismo e arcaismo – zwei Pole, an denen sich die Suche einiger wichtiger Autoren, unter ihnen Carrà und Sironi, orientiere. Versuch der Fortsetzung der wichtigsten Tradition der italienischen Malerei, zurückgehend auf die Renaissance.
[32] Thomas L. Schumacher, »Terragni e il Danteum«, Officina Edizioni, Roma 1983, S. 107.
[33] Paul von Naredi-Rainer, »Bemerkungen zur Säule bei Leon Battista Alberti«, Jahrbuch des Kunsthistorischen Institutes der Uni Graz, XI 1976 oder Festschrift Heinrich Gerhard Franz zum sechzigsten Geburtstag, hrsg. von Günter Brucher, S. 51–61.
[34] Franco Bossi, »Leon Battista Alberti, L'opera completa«, Mailand 1980.
[35] »Architektur und Sprache«, Prestel-Verlag München, 1982, Text von Georg Germann, S. 88.
[36] Manfredo Tafuri, »Il soggetto e la maschera«, Lotus Nr. 20, Electa Milano, Sept. 1978, S. 5.
[37] Noam Chomsky, »Filosofia del Linguaggio, ricerche storiche e Teoriche«, I. Edizione. Torino 1969, S. 71–128.
oder »Cartesian Linguistics«, Harper and Row, New York u. London, S. 31–51.
[38] Bendetto Croce, »Estetica«, Laterza Bari 1902, S. 6.
[39] G. Pagano, »Dal monumentale nell'architettura moderna«, La Casa Bella Nr. 40, April 1931, S. 9–14.
[40] G. Pagano, »Architettura polemica dell'epoca romana«, Casabella Nr. 76, April 1934, S. 34–35.
[41] Mario Radice, »Il Ritratto di Terragni«, Prima mostra commemorativa, Como 1949 oder »L'architettura cronache e storia« 153, Nr. 3, Juli 1968, S. ☐☐.
[42] Libero Guarneri, »L'evoluzione dell'architettura moderna«, Görlich Editore, Milano 1954, S. 8.
[43] Massimo Bontempelli, »La gazzetta del popolo« 16, Sept. 1936.

## Abbildungsnachweis

Abb. 1, 10, 11, 13, 19, 26, 28, 31, 34, 35, 48, 55, 56, 57, 59, 65, 66, 67, 71, 75, 76, 77, 80, 82, 85, 90, 91, 93, 108, 110, 121, 123, 124, 125, 126, 127, 128, 133, 139, 140, 142, 147, 154, 155, 156, 157, 175, 188, 196, 204, 205, 206, 213, 214, 216, 218, 224, 225, 234, 241, 248, 250, 251, 252, 253, 254, 255, 257, 258, 259, 260, 261, 262, 263, 265, 266, 267, 268, 269, 270, 271, 273, 274, 275, 276, 277, 278, 281, 282, 283, 284, 285, 287, 289, 290, 297, 302, 304, 306, 307, 308, 320, 321.   Il NODO s. n.c., Via Dottesio 1, 22100 Como, Archiv Terragni.
Abb. 2, 58, 119, 158, 160   Bruno Zevi, Giuseppe Terragni, Zanichelli. Editore Bologna 1980.
Abb. 3   Touring Club Italiano, Milano 1977, S. 112.
Abb. 4, 21, 152   Maurizio Grandi u. Attilio Pracchi, Milano guida all'architettura moderna, Zanichelli, Bologna 1980.
Abb. 5, 6, 43, 47, 51, 61, 86, 109, 143, 161, 173, 174, 176, 179, 183, 192, 209, 211, 233, 256   Giorgio Riccardo Azzoni.
Abb. 7, 8, 23, 129, 143, 153   Agnoldomenico Pica, Nuova Architettura Italiano, Ulrico Hoepli, Milano 1936.
Abb. 9, 14   Enrico Mantero, Il Razionalismo Italiano, Zanichelli, Bologna 1984.
Abb. 12   Bertelli, Briganti, Giuliano, Storia dell'arte Italiana, I. Band, Electa Milano 1986, S. 263.
Abb. 22   Vieri Quilici, Adalberto Libera, L'architettura come ideale, Officina Editori, Roma 1981, S. 15.
Abb. 15, 18, 29, 30, 79, 137, 172, 178, 180, 226, 247. 316, 317, 319, 322   Emilio Terragni, Como.
Abb. 17, 184   Guido Ballo, Mario Radice, ILTE, 1973, Torino.
Abb. 20, 83, 217, 249, 303, 306, 309, 310, 311, 312   Thomas L. Schumacher, Terragni e il Danteum, Officina Edizioni, Roma 1980 und 1983.
Abb. 25   Casabella Nr. 500, März 1984, Electa Milano.
Abb. 32   Jiři Kroha u. Jiři Hruza, Sovětska Architektonicka Avantgarda, Odeon, Praha 1973.
Abb. 33   Das Abenteuer der Ideen, Architektur und Philosophie, IBA, Berlin 1987, S. 261.

Abb. 36, 37, 95, 96, 148, 149, 243, 245, 246    Rassegna, 11. Sept. 1982, C. I. P. I. A., Bologna.
Abb. 38, 39, 40, 42, 60, 69, 72, 88, 89, 105, 115, 116, 117, 118, 122, 135, 138, 177, 182, 189, 212, 215, 230, 231, 286, 288, 298, 299    Franco Fonatti.
Abb. 41, 44, 45    9H. Nov. 7, 1985, Editorial Board, London.
Abb. 49, 104, 120    Mario Fosso, Enrico Mantero, »Giuseppe Terragni 1904—43«, Comune di Como, Cesare Nani Editrice 1982.
Abb. 50, 132, 145, 194    Silnja Tillner
Abb. 53    Sebastiano Serlio Bolognese, Tutte le Opere d'Architettura, 1584.
Abb. 16, 52, 54, 84, 94, 111, 112, 113, 114, 159, 168, 169, 170, 185, 186, 187, 223, 279, 280, 314, 315, 321    L'Architettura Cronaca e Storia, 153, Nr. 3, Juli 1968 u. Nr. 163, Mai 1969, ETAS — KOMPASS, Editrice Roma.
Abb. 62, 134, 227, 228, 229, 291, 292, 293, 294, 295, 296, 301    Emanuela Hualla.
Abb. 63, 64, 130, 131, 136, 203    Walter Achatz.
Abb. 68, 70, 264, 242    Silvia Danesi, Luciano Patetta, »Il Razionalismo e l'architettura in Italia durante il Fascismo«, La Biennale di Venezia 1976.
Abb. 73, 74    G. Veronesi, »L'Astrattismo«, Fratelli Fabbri, Milano 1967, S. 219, 211.
Abb. 78, 107, 171, 181    Mario Radice, Marlborough, Galleria d'Arte, Kat. 1976.
Abb. 81, 219, 220    Peter Murray, »Die Architektur der Renaissance in Italien«, Hatje, Stuttgart 1980.
Abb. 87, 226    Le Corbusier et Pierre Jeanneret, »Oeuvre Complete 1910—29«, Les Editions Girsberger, Zürich 1960, S. 189, 155.
Abb. 92    Peter Eisenmann.
Abb. 106, 191    Leonardo Benevolo, »Storia dell'Architettura Moderna«, Band II. Editori Laterza, Bari 1966.
Abb. 147    Giorgio Riccardo Azzoni u. Walter Achatz.
Abb. 150, 151, 195    Hannes Rohacek.
Abb. 163, 164, 165, 166, 167    Giorgio Riccardo Azzoni u. Jörg Kerchlango.
Abb. 190    Katalog, »Morandi e il suo Tempo«, Bologna 1986, S. 164.
Abb. 193    Accademia di Brera, Milano.
Abb. 197, 198    Giovanni Fanelli, »Stijl-Architektur«, DVA Stuttgart 1985.
Abb. 199, 202, 207, 208, 210    David Dunster, »Leitbilder der Architektur im 20. Jahrhundert, Wohnhäuser 1900—1944«, Callwey, München 1986.
Abb. 221    Daidalos Nr. 10, 1983 Berlin.
Abb. 222    Il patrimonio Storico Artistico del Touring Club Italiano, Milano 1979, S. 161.
Abb. 232    Arte Nr. 151, Aprile 1985, Mondadori e ass., Milano, S. 42.
Abb. 234, 235, 236, 237, 238, 239, 240, 300    Lotus Nr. 20, Electa, Milano 1978.
Abb. 244    Katalog, Galerie Nächst St. Stephan, Wien 1975, S. 30.
Abb. 305    Parametro Nr. 138, Juli 1985, Faenza Editrice, S. 37.
Abb. 318    Cicli Pittorici del Touring Club Italiano, Milano 1981, S. 139.
Abb. 323, 324, 326    Lotus Nr. 16, Electa, Milano 1977.
Abb. 327, 328    Narodni Technicke Museum, Praha, Kostelni 42.
Abb. 329    Figini und Pollini, Electa Editrice, Milano 1980, S. 35 oder Parametro Nr. 98, Juni 1981, Faenza.
Abb. 330    Parametro Nr. 97, Juni 1981, Faenza Editrice, S. 25.
Abb. 331, 332    Five Architects, New York, Oxford University Press, 1975.
Abb. 333    Lotus Nr. 40, Gruppo Electa, Milano 1984, S. 75.
Abb. 334    Parametro Nr. 139, August—September 1985, Faenza, S. 49.
Abb. 335    Italo Bugini.

Die Zeichnungen und Dokumentationen zum Lebenswerk Terragnis werden größtenteils in Como aufbewahrt, genauer gesagt im Atelier seiner Neffen, im Fotoarchiv »Il Nodo« und in Mailand im Atelier der Söhne von Pietro Lingeri.
Schriften über sein Werk: zwei monographische Ausgaben der Zeitschrift »L'architettura. Cronache e Storia« (Juli 1968 und Mai 1969); weitere Abhandlungen finden sich bei Mario Labò (1947) und in den Schriften von Enrico Mantero (1969) und Bruno Zevi (1980). Hinzuzufügen ist sicherlich das vor kurzem erschienene Buch von Thomas Schumacher »Terragni ed il Danteum« (1980 und 1983).

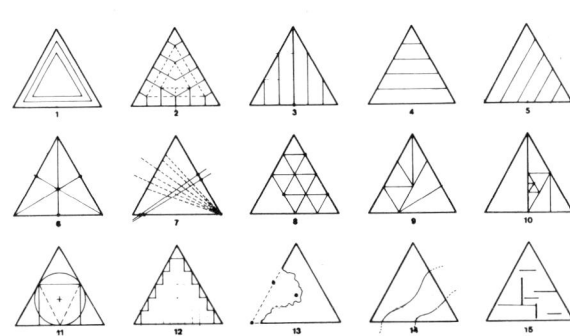

Franco Fonatti
**Elementare Gestaltungsprinzipien in der Architektur**
Wiener Akademie-Reihe, Band 11
Herausgegeben von Gustav Peichl

*In den ersten Jahrzehnten unseres Jahrhunderts erfuhr die Architektur eine beträchtliche Ausdehnung auf neue Gebiete, ohne dabei an Tiefe zu gewinnen. Viele junge Architekten beginnen heute einen Planungsprozeß ohne grundsätzliche Vorbereitung; sie stützen sich lediglich auf äußere Formelemente, anstatt die innere Struktur, den Geist und die Idee zu erkennen.*
*Wo bleibt die Poetik, die Gestaltung? Ist das Wesen der Form vergessen worden? Es scheint daher gerade heute erforderlich, einige Grundsätze zu revidieren, sie neu zu formulieren. (Man muß die Kraft haben, immer von vorne zu beginnen.)*
*Vor allem die Fragen der Gestaltungslehre zählen zum wesentlichen Teil des theoretischen Unterrichts an einer Kunstakademie und hier wiederum besonders für Studenten der Architektur. Die Gestaltungslehre bildet somit einen wesentlichen Bestandteil jeder künstlerisch-didaktischen Arbeit.*

4. Auflage 1986
128 Seiten
mit 314 Abbildungen
Paperback.
17 × 24 cm
ISBN 3-85063-126-5

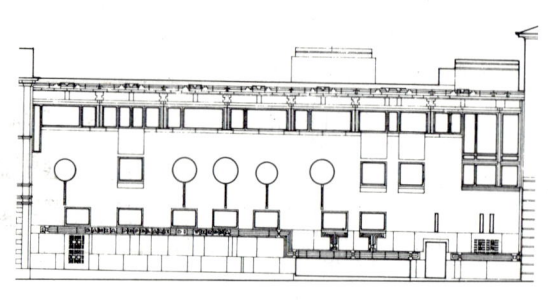

Franco Fonatti
**Elemente des Bauens
bei Carlo Scarpa**
Wiener Akademie-Reihe,
Band 15
Herausgegeben
von Gustav Peichl

„Als ein alter Freund und Verehrer von Scarpas Kunst finde ich, daß dieses neue Buch besonders wertvoll ist, da es, nach so vielen anderen — ziemlich ungeordneten — Publikationen, eine ernste, gut geordnete Analyse seines Denkens oder — richtiger — seines Fühlens darstellt. Ich besitze beinahe alle Bücher und Zeitschriften über Scarpa und auch die jetzigen, die aus Anlaß der Venediger Ausstellung erschienen. Nichtsdestoweniger bin ich der Meinung, daß Fonattis Buch eines der besten ist. Deshalb — congratulations!"
(Aus einem Brief von Stefan Buzas, London)

3. Auflage 1987
96 Seiten
mit 145 Abbildungen
Paperback.
17 × 24 cm
ISBN 3-85441-008-5